FÉDÉRATION DES SYNDICATS D'INITIATIVE

LIMOUSIN, QUERCY, PÉRIGORD

18, rue Turgot, Limoges (Haute-Vienne)

VILLÉGIATURE-TOURISME

dans le

Limousin, le Quercy, le Périgord

CREUSE, CORRÈZE, DORDOGNE, HAUTE-VIENNE, LOT

Toutes les Altitudes -:- Tous les Climats

La Chasse -:- La Pêche -:- L'Eau -:- Les Bois

CENTRES DE SÉJOUR

-:- Hôtels -:- Pensions -:- Logements -:-

1929

Imp. GUILLEMOT et DE LAMOTHE, 18, rue Turgot, Limoges — 1929

FÉDÉRATION DES SYNDICATS D'INITIATIVE

LIMOUSIN, QUERCY, PÉRIGORD

18, rue Turgot, Limoges (Haute-Vienne)

VILLÉGIATURE-TOURISME

dans le

Limousin, le Quercy, le Périgord

CREUSE, CORRÈZE, DORDOGNE, HAUTE-VIENNE, LOT

Toutes les Altitudes -:- Tous les Climats

La Chasse -:- La Pêche -:- L'Eau -:- Les Bois

CENTRES DE SÉJOUR

-:- Hôtels -:- Pensions -:- Logements -:-

1929

Les prix mentionnés sur la présente brochure sont donnés à titre d'indication, comme ils peuvent varier, il est nécessaire pour être fixé exactement, de s'adresser directement aux propriétaires d'hôtels ou d'auberges.

Pour tous renseignements, s'adresser au Syndicat d'Initiative de Limoges, 18, rue Turgot, Limoges (Haute-Vienne)

SYNDICATS D'INITIATIVE

Affiliés à la Fédération des S. I. Limousin-Quercy-Périgord

Pour tous renseignements, s'adresser aux syndicats d'initiative.

ALVIGNAC-MIERS
Chez M. Teulière, Président du S. I., à Alvignac (Lot).

AUBUSSON
Mairie d'Aubusson (Creuse).

BAS-LIMOUSIN
Chez M. Ruffin, à Brive (Corrèze).

BEAULIEU
Chez M. François Rèmes, Négociant, à Beaulieu (Corrèze).

BERGERAC
17, rue des Carmes, à Bergerac (Dordogne).

BRETENOUX ET GORGES DE LA CERE
Chez M. Faure, Secrétaire du S. I., à Bretenoux (Lot).

CAPDENAC
Mairie de Capdenac (Aveyron).

DOMME
Chez M. Gendre, Président du S. I., à Domme (Dordogne).

EVAUX-LES-BAINS
Chez M. Molinois, Secrétaire du S. I., à Evaux-les-Bains (Creuse).

LES EYZIES
Chez M. Peyrony, Président du S. I., Les Eyzies (Dordogne).

GORGES DE LA DORDOGNE
Chez M. Vachal, à Argentat (Corrèze).

GUERET ET LA CREUSE
Secrétariat : Route de Limoges, à Guéret (Creuse).

LIMOGES ET LE LIMOUSIN
Secrétariat : 18, rue Turgot, à Limoges (Haute-Vienne).

LUZECH
Chez M. le Docteur Pelissie, Président du S. I., à Luzech (Lot).

MEYMAC
Chez M. Delmas, Président du S. I., place du Monument, à Meymac (Corrèze).

MONTIGNAC
A la Mairie.

NONTRON
Chez M. Petit, Secrétaire du S. I., à Nontron (Dordogne).

PERIGORD
Chez M. Pasquet, Pharmacien, Secrétaire du S. I., 4, place de la Mairie, à Périgueux (Dordogne).

ROCAMADOUR
Chez M. Menot, Président du S. I., à Rocamadour (Lot).

SAINT-CERE
Chez M. Faure, Président du S. I., à Saint-Céré (Lot).

SAINT-PRIVAT
Chez M. Balade, Secrétaire du S. I., à Saint-Cirgues (Corrèze).

SAINT-YRIEIX
Chez M. Nénert, Secrétaire du S. I., 20, place de la Nation, à Saint-Yrieix (Haute-Vienne).

SARLAT
Chez M. Roque, Secrétaire du S. I., Buraliste, à Sarlat (Dordogne).

SOUILLAC
Chez M. le Docteur Paul Lascoux, Président du S. I., à Souillac (Lot).

TERRASSON
Chez M. Voisin, Président du S. I., à Terrasson (Dordogne).

TULLE
Chez M. Pradier.

TREIGNAC
M. Lameyre, secrétaire.

UZERCHE
Président : M. Chapoulaud, à Rieupeyroux, près Uzerche (Corrèze).

Les SYNDICATS D'INITIATIVE poursuivent l'amélioration des conditions d'accès, de transport, de visite et de séjour dans les stations thermales, climatiques et touristiques, ainsi qu'une active propagande en leur faveur. Ils se mettent gracieusement à la disposition de chacun pour tous renseignements utiles dans leur zone d'action.

Leur but est purement patriotique et désintéressé

(Pour informations demandées par correspondance, joindre : pour la France, timbre de réponse et pour l'Etranger, coupon-réponse international estampillé par le Bureau de Poste émetteur.)

CREUSE

AUBUSSON (altitude 430 m.). — 6.662 habitants. Chef-lieu d'arrondissement, sur la Creuse et sur la ligne Busseau-sur-Creuse-Ussel. Service autobus : Evaux-les-Bains, Auzances, Vallière et Crocq.

Hôtel de France. — Mme Vve DUBREUIL, propriétaire. Trente chambres, vingt à 1 lit et dix à 2 lits. Prix des chambres : de 12 à 35 francs. Electricité. Chauffage central. Eau courante. Salle de bain. W. C. Garage. Numéro du téléphone : 22. Prix du repas 15 francs. Adhère au S. I. de la Creuse.

Hôtel Durif. — DURIF, propriétaire. Vingt chambres à 1 lit et dix à 2 lits. Prix des chambres de 8 à 12 francs. Electricité. Salle de bains. W.-C. Garage. N° du téléphone 9. Prix du repas 10 fr. Pension, grande personne, 25 francs. Enfant, à voir.
Adhère au Syndicat d'Initiative de la Creuse.

AUZANCES (altitude 600 m.). — Sur la ligne Montluçon-Eygurande-Merlines. Chef-lieu de canton. 1.395 habitants. Trois lignes d'autobus : Aubusson-Auzances, Crocq-Auzances, Charensat-Auzances.

Hôtel de la Paix. — Vve BOINE, propriétaire. Gare à 1.500 m. de la localité. Service de voiture. Douze chambres, neuf à 1 lit et trois à 2 lits. Prix 8 à 12 fr. W. C. Garage. Prix du repas 10 à 15 fr. Pension : 25 à 30 fr. ; enfant suivant âge. Adhère au Syndicat. — Service d'autobus : Aubusson, Crocq, Le Montel, Chénérailles.

Hôtel de France. — BALLET, propriétaire. Trente-six chambres, trente-deux à 1 lit et quatre à 2 lits. Prix des chambres de 8 à 10 fr. Electricité. Eau courante chaude et froide. Salle de bain. W. C. Garage. Adresse télégraphique : Ballet, Hôtel de France. Numéro du téléphone : 11. Prix du repas 10 à 15 fr. Pension grande personne de 20 à 30 fr. ; enfant de 10 à 12 fr. Adhère au S. I. de la Creuse. Service d'autobus : Chénérailles, Dautreix, Charendat, Crocq et Aubusson.

Hôtel Durif. — Propriétaire DURIF Maurice. 30 chambres ; 26 à 1 lit et 4 à 2 lits. Electricité. Eau courante chaude et froide. Prix des chambres : minimum 8 francs ; maximum 10 francs. Salle de bain. Water-Closets. Garage. Numéro du téléphone : 9. Prix du repas : 11 francs. Pension grande personne 25 francs. Enfant, à voir. Membre du S. I. de la Creuse.
Lignes d'autobus : Auzances-Aubusson, Auzances-Chénérailles et Cressat, Auzances-Charensat, Auzances-Crocq.

BENEVENT-L'ABBAYE (altitude 450 m.). — 800 habitants, à 5 kilomètres de la gare de Vieilleville. Service d'autobus La Souterraine-Vieilleville, Limoges-Bénévent.

Hôtel du Centre. — CHEZEAUD, propriétaire. Douze chambres, dix à 1 lit et deux à 2 lits. Prix des chambres, 10 à 12 fr. Electricité. W. C. Garage. Numéro du téléphone : 19. Prix du repas 11 fr. Pension grande personne 25 fr., enfant 15 fr. Adhère au Syndicat d'Initiative de la Creuse. Service d'autobus : Vieilleville, La Souterraine, Benevent-Limoges.

BONNAT (altitude 350 m.). — 2.520 habitants. Chef-lieu de canton sur la ligne Guéret-La Châtre et sur la petite Creuse.

Hôtel Destouche. — BORDIN, propriétaire. Sept chambres, trois à 1 lit et quatre à 2 lits. Prix des chambres 10 et 20 fr. Electricité. W. C. Garage. Prix du repas 13 fr. Pension grande personne 30 francs. Ligne d'autobus : Bonnat-La Souterraine.

BOURGANEUF (altitude 449 m.). — 2.850 habitants, sur la ligne Vieilleville-Bourganeuf. Autobus : Limoges-Bourganeuf, Royère-Eymoutiers, Guéret-Bourganeuf, St-Sulpice-Laurière-Bourganeuf.

Hôtel du Commerce. — JABET, propriétaire. Vingt chambres, dix-sept à 1 lit et trois à 2 lits. Prix des chambres 10 et 20 francs. Electricité. Chauffage central, W. C. Garage. Adresse télégraphique : Hôtel Jabet. Numéro du téléphone : 20. Prix du repas 12 fr. (boisson comprise). Pension grande personne 28 fr., enfant 12 fr.

Restaurant Bellangeon (28, rue de l'Arrier). — BELLANGEON (Marie), propriétaire. Dix chambres à 1 lit. Electricité. Prix 50 à 100 francs par mois. Garage à proximité. Prix du repas 8 à 15 fr., pour enfant 5 à 10 fr. Services automobiles : Limoges-Saint-Léonard-Sauviat et Bourganeuf ; Eymoutiers-Peyrat-le-Château-Bourganeuf. Chambre et repas pour les voyageurs 25 francs par jour, vin compris.

BOUSSAC (altitude 390 m.). — Chef-lieu d'arrondissement. 1.408 habitants. Sur la ligne Lavaufranche-Argenton et au confluent de la Petite Creuse et du Béroux.

Central-Hôtel. — PILLET, propriétaire. Dix-neuf chambres, quatorze à 1 lit et cinq à 2 lits. Prix des chambres de 9 à 20 fr. Electricité. W. C. Garage. Adresse télégraphique : Pillet, Boussac. Numéro du téléphone : 10. Prix du repas de 11 à 15 francs. Pension grande personne de 25 à 40 francs, enfant de 15 à 20 fr. Adhère au Syndicat d'Initiative.

BUSSEAU-SUR-CREUSE (altitude 467 m.). — Localité située sur la ligne Limoges-Montluçon.

Café-Restaurant. — PRADET, propriétaire. Huit chambres à 1 lit. Prix des chambres de 8 à 10 fr. Electricité. Numéro du téléphone : 2. Prix du repas 12 fr. Pension grande personne 28 fr.

CHAMBON-SUR-VOUEZE (altitude 330 m.). — Chef-lieu de canton. 1.532 habitants. Gare la plus rapprochée : Budelière (5 kilomètres). Service d'autobus.

Hôtel Perret. — Propriétaire : G. RICHARD. Dix chambres, huit à 1 lit et deux à 2 lits. Electricité, eau courante. Prix des chambres : 10 et 15 francs. W. C. Garage. Adresse télégraphique : Hôtel Perret. Numéro du téléphone : 3. Prix du repas : 12 à 15 francs. Pension grande personne : 30 francs. Enfant : de 15 à 25 fr., selon l'âge. Adhère au S. I. de la Creuse. La gare la plus rapprochée est la gare de Budelière, 5 km. Service d'autobus. Service public d'Evaux à Parsac et de Boussac à Budelière.

Hôtel Bodeau. — J. BODEAU, propriétaire. Trente chambres, ving-cinq à 1 lit et cinq à 2 lits. Prix 8 et 20 fr. Electricité, eau courante. Salle de bain. W. C. Garage. Numéro du téléphone : 7. Prix du repas 12 fr. Pension grande personne 30 à 35 fr.; enfant, suivant l'âge. Adhère au Syndicat d'Initiative. Lignes d'autobus : Gare Budelière-Boussac, Chambon-sur-Voueize à Aubusson.

CHENERAILLES (altitude 490 m.). — 800 habitants. A 5 kilomètres de la gare de Cressat. Service d'autobus. Trois lignes d'autobus : Cressat-Auzances, Cressat-Chénérailles, Aubusson-St-Sulpice-les-Champs.

Hôtel Poulet. — POULET, propriétaire. Douze chambres, neuf à 1 lit et trois à 2 lits. Electricité. Prix des chambres, 10 fr. à 1 lit et 30 francs à 2 lits. Adresse télégraphique : Poulet, Chénérailles. Numéro du téléphone : 3. Prix du repas, 12 fr. (b. n. c.). Pension grande personne. 36 fr., arrangement pour séjour ; enfant 25 à 30 francs, selon l'âge. Adhère au Syndicat.

Hôtel Marlaud. — MARLAUD, propriétaire. Quinze chambres, onze à 1 lit et quatre à 2 lits. Prix des chambres de 7 à 10 francs. Electricité. Chauffage central. W. C. Garage. Adresse télégraphique : Hôtel Marlaud. Numéro du téléphone : 12. Prix des repas 12 et 15 fr. Pension : arrangements suivant la durée du séjour. Adhère au S. I. de la Creuse. Service d'autobus : Cressat-Auzances.

CROZANT (altitude 345 m.). — Bourg important au confluent de la Creuse et de la Sédelle, à 7 kilomètres de la gare de Saint-Sébastien, gare la plus rapprochée. Service d'automobile de l'hôtel.

Hôtel des Ruines. — BRIGAUD, propriétaire. Dix-sept chambres, neuf à 1 lit et huit à 2 lits. Prix des chambres 15 fr. à 18 fr. W. C. Garage. Prix du repas, 15 fr. Pension grande personne 30 francs. Enfant 10 à 15 fr. Adhère au Syndicat. A partir du 14 juillet, autobus d'Argenton-sur-Creuse les jeudis et dimanches.

Hôtel des Excursionnistes. — VATER, propriétaire. Six chambres, trois à 1 lit et trois à 2 lits. Prix de 14 à 16 francs. W. C. Garage. Numéro du téléphone : 3. Prix du repas 14 fr. Pension grande personne 30 francs, enfant 15 fr.

EVAUX-LES-BAINS (altitude 460 m.). — 2.064 habitants. Sur la ligne Montluçon-Eygurande-Merlines. 1 km. 500 de la gare.

Service de voiture automobile. Autobus : Aubusson-Evaux, Parsac-Evaux. Etablissement thermal dans un site pittoresque.

Grand Hôtel de la Fontaine. — GUILLEC, propriétaire. Soixante chambres, quarante à 1 lit, vingt à 2 lits. Prix des chambres de 12 à 25 fr. Électricité. Eau courante. Salle de bains. W. C. Garages. Adresse télégraphique : Hôtel la Fontaine. Numéro du téléphone : 17. Prix des repas 14 francs (boisson non comprise). Pension grande personne de 25 à 30 fr. (b. n. c.) ; enfant, variable selon âge. Adhère au S. I. d'Evaux. Service autobus Aubusson-Evaux-Parsac-Evaux.

Grand Hôtel. — SOCIÉTÉ THERMALE, propriétaire. Cent chambres, soixante à 1 lit et quarante à 2 lits. Prix des chambres, de 15 à 60 fr. Électricité. Eau courante. Salle de bains. W. C. Garage. Adresse télégraphique : Grand-Hôtel. Numéro du téléphone : 1 relié. Prix du repas : 20 fr. Pension grande personne 35 à 100 francs ; enfant, moitié au-dessous de 7 ans. Adhère au S. I. d'Evaux. Service d'autobus : Aubusson-Evaux-Parsac.

Hôtel Chardonnet. — CHARDONNET, propriétaire. Vingt-quatre chambres, vingt à 1 lit et quatre à 2 lits. Prix des chambres de 8 à 12 francs. Électricité. W. C. Garage. Adresse télégraphique : Chardonnet Hôtel. Numéo du téléphone : 7. Prix du repas de 11 à 16 francs. Pension grande personne 30 francs ; enfant, suivant l'âge. Adhère au S. I. d'Evaux.

Hôtel de l'Europe. — DUCLOZELLE, propriétaire. Vingt-cinq chambres, vingt à 1 lit et 5 à 2 lits. Prix des chambres de 8 à 10 francs. Électricité. W. C. Garage. Adresse télégraphique : Hôtel Europe. Numéro du téléphone : 27. Prix du repas 12 francs. Pension grande personne, 30 francs ; enfant, suivant l'âge. Adhère au S. I. d'Evaux Service d'autobus : Aubusson-Evaux-Parsac-Evaux.

Hôtels Lebrun et Laumet (réunis). — Trente-deux chambres, vingt à 1 lit et douze à 2 lits. Prix des chambres de 10 à 15 fr. Électricité. W. C. Garage. Adresse télégraphique : Lebrun-Laumet. Numéro du téléphone : 3. Prix du repas de 10 à 15 francs. Pension grande personne de 20 à 30 fr. ; enfant, suivant âge. Adhère au Syndicat d'Initiative d'Evaux.

Hôtel Nore-Parry. — NORE-PARRY, propriétaires. Onze chambres, huit à 1 lit et trois à 2 lits. Prix des chambres de 7 à 10 fr. Électricité. Garage. Adresse télégraphique : Hôtel Nore. Prix du repas de 9 à 12 fr. Pension grande personne de 20 à 25 francs ; enfant, suivant l'âge. Adhère au S. I. d'Evaux.

Restaurant de la Place. — Vve GAYET, propriétaire. Huit chambres, quatre à 1 lit et quatre à 2 lits. Prix des chambres de 7 à 12 francs. Électricité. Adresse télégraphique : Veuve Gayet. Prix du repas 10 francs. Pension grande personne 25 francs ; enfant, suivant l'âge. Adhère au S. I. d'Evaux.

Hôtel Paquet. — PAQUET, propriétaire. Six chambres, quatre à 1 lit et deux à 2 lits. Prix des chambres de 5 à 10 fr. Adresse télégraphique : Hôtel Paquet. Prix du repas de 8 à 10 fr. Pension grande personne de 18 à 25 francs ; enfant, suivant l'âge. Adhère au S. I. d'Evaux.

FELLETIN (altitude 587 m.). — Chef-lieu de canton. 2.713 habitants. Sur la ligne Busseau-sur-Creuse-Ussel. Distance de la gare : 300 mètres. Service de voitures.

Hôtel Moderne. — DENHAUT, propriétaire. Dix-huit chambres, seize à 1 lit et deux à 2 lits. Prix 10 et 15 fr. Electricité. Chauffage central, W. C. Garage. Numéro du téléphone : 22. Prix du repas 10 à 15 fr. Pension grande personne 20 à 35 fr. ; enfants : 18 à 30 fr. Adhère au Syndicat. Lignes d'autobus : Busseau-sur-Creuse-Felletin, Giat à Felletin, Létrade à Felletin.

FRESSELINES (altitude 470 m.). — Chef-lieu de commune. A 7 kilomètres de la gare de Lafat et à 10 kilomètres de celle de Dun-le-Palleteau.

Hôtel des Touristes. — THENOT, propriétaire. Cinq chambres, quatre à 1 lit et une à 2 lits. Prix des chambres de 6 à 12 francs. W. C. Garage. Adresse télégraphique : Thenot, Hôtel, Fresselines. Prix du repas de 10 à 14 francs. Pension grande personne 25 fr.; enfant, suivant l'âge. Adhère au S. I. de la Creuse.

GUÉRET (altitude 457 m.). — 7.281 habitants. Chef-lieu de département, sur la ligne Saint-Sulpice-Laurière-Montluçon. A 1 kilomètre de la gare. Service d'autobus.

Hôtel Saint-François. — PASQUET (Léon), propriétaire. Quarante chambres ; 35 à 1 lit et 5 à 2 lits. Electricité. Chauffage central. Eau courante, chaude et froide. Chambres avec salle de bains. Prix des chambres : minimum : 16 francs ; maximum 65 francs. 3 W.-C. Garage. Adresse télégraphique : Saint-François, Guéret. Numéro du téléphone : 65. Prix du repas : 16 francs. Adhère au Syndicat d'Initiative.

Hôtel-Restaurant Givernaud. — GIVERNAUD, propriétaire. Vingt et une chambres, dix-neuf à 1 lit et deux à 2 lits. Prix 8 et 15 fr. W. C. Garage. Adresse télégraphique : Givernaud, hôtel, Guéret. Electricité. Prix du repas 12, 15 et 18 francs. Pension grande personne 30 francs ; enfant, selon l'âge. Adhère au Syndicat.

Modern'Hôtel. — TROUILLIER, propriétaire. Vingt chambres, quatorze à 1 lit et six à 2 lits. Prix 10 et 25 francs. Electricité. Chauffage central. W. C. Garage. Numéro du téléphone : 34. Prix du repas 12 francs. Pension grande personne 30 francs ; enfant 25 francs. Adhère au Syndicat.

Restaurant Vater. — VATER, propriétaire. Six chambres, cinq à 1 lit et une à 2 lits. Prix de 10 à 15 francs. Electricité. W. C. Garage. Adresse télégraphique : Vater, Restaurant, Guéret. Repas 10 francs (sans vin). Pension grande personne 25 francs ; enfant 15 francs. Adhère au Syndicat.

Hôtel de la Gare. — RIBEROLLE, propriétaire. Dix-huit chambres, quinze à 1 lit et trois à 2 lits. Prix des chambres de 10 à 25 francs. Electricité. Chauffage central. Eau courante. Salle de bain. W. C. Garage. Adresse télégraphique : Hôtel Gare, Guéret. Numéro du téléphone : 0-49. Prix du repas 12 francs. Pension grande personne 35 francs ; enfant 30 francs. Adhère au Syndicat d'Initiative

GOUZON (altitude 315 m.). — 350 habitants. A 5 kilomètres de la gare de Parsac. Service d'autobus et de voiture.

Hôtel du Cheval-Blanc. — BIGNET, propriétaire. Trois chambres à 1 lit. Prix des chambres 6 francs. Electricité. Garage. Adresse télégraphique : Bignet, Gouzon. Prix du repas 12 francs. Pension grande personne 28 à 30 francs ; enfant, selon l'âge. Adhère au S. I. de la Creuse. Service autobus Gouzon-Parsac à tous les trains et Gouzon-Montluçon jeudi et samedi.

Hôtel Beaune. — BEAUNE Henri, propriétaire. Quinze chambres, douze à 1 lit et trois à 2 lits. Electricité. Chauffage central. Eau courante. Prix des chambres : minimum 12 fr. ; maximum 24 fr. Salle de bain. W. C. Garage. Numéro du téléphone : 1. Prix du repas : 12 à 15 fr. Pension grande personne : sur demande. Membre du S. I. de la Creuse. Service d'autobus : Parsac-Gouzon, Evaux-Gouzon.

LAVAVEIX (altitude 450 m.). — 1.500 habitants. Sur la ligne Busseau-sur-Creuse-Ussel. Lignes d'autobus : Aubusson-Chénérailles-Lavaveix, Saint-Sulpice-les-Champs - Felletin-Aubusson, Lavaveix-Busseau-sur-Creuse.

Hôtel de France. — PINAT, propriétaire. Dix chambres à 1 lit. Prix 10 et 15 francs. Electricité. Garage. Adresse télégraphique : Pinat, hôtel, Lavaveix. Prix du repas 12 francs. Pension grande personne 35 francs ; enfant 20 francs. Adhère au Syndicat.

LA COURTINE (altitude 790 m.). — 672 habitants. Sur la ligne Busseau-sur-Creuse à Ussel. Camp militaire d'instruction.

Terminus Hôtel. — BRILLANT, propriétaire. Vingt chambres, dix-huit à 1 lit et deux à 2 lits. Prix des chambres de 10 à 15 fr. Electricité. W. C. Garage. Adresse télégraphique : Terminus. Numéro du téléphone : 12. Prix du repas : 12 francs. Pension grande personne : 32 francs ; enfant : 20 francs. Adhère au Syndicat. Lignes d'autobus : Saint-Merd-Gentioux, Eygurande-Sornac.

LETRADE. — (Altitude 580 m.). — Sur la ligne de Montluçon à Eygurande-Merlines. Service d'autobus.

Hôtel de l'Avenue. — Tenu par Mme BONNEVAL Marthe. Dix chambres, six à 1 lit et quatre à 2 lits. Prix des chambres 8 et 15 francs. Garage. Adresse télégraphique : Hôtel de l'Avenue. Prix du repas : à partir de 10 fr. Pension grande personne : 25 fr. Adhère au S. I. de la Creuse. Service d'autobus : Pontaumur-Crocq-Aubusson.

LA SOUTERRAINE (altitude 366 m.). — Chef-lieu de canton. 2.375 habitants. Sur la ligne Paris-Toulouse. Service de voiture.

Hôtel du Lion-d'Or. — LARUE Léonard, propriétaire. Quinze chambres, huit à 1 lit et sept à 2 lits. Electricité. Prix des chambres : minimum 12 et 22 fr. ; maximum, 15 et 24 fr. W. C. Garage. Adresse télégraphique : Lion d'Or. Numéro du téléphone : 3. Prix du repas, 15 francs. Pension grande personne, 30 francs ; enfant, suivant l'âge. Membre du S. I. de la Creuse. Lignes d'autobus : Saint-Sulpice-les-Feuilles, Le Dorat, Saint-Hilaire-la-Treille, Limoges, Guéret, Vieilleville.

MAUTES (Altitude 440 m.). — Chef-lieu de commune, situé à 11 kilomètres de la gare de Mérinchal la plus rapprochée. Service d'autobus Bellegarde-Mérinchal et Crocq-Auzances.

Hôtel Bourdeau. — LANGLADE, propriétaire. Huit chambres. Trois à 1 lit et cinq à 2 lits. Prix des chambres de 6 à 10 francs. Electricité. Garage. Adresse téléphonique : Langlade-Hôtel. N° du téléphone 1. Prix du repas 10 francs. Pension grande personne 20 francs. Enfant 14 francs.

Adhère au Syndicat d'Initiative de la Creuse.

SAINT-ETIENNE-DE-FURSAC (altitude 415 m.). — Chef-lieu de commune, sur la rivière la Gartempe. Service d'autobus : La Souterraine-Vieilleville et Saint-Sulpice-Laurière-Fursac.

Hôtel Moderne. — CRÉMIER, propriétaire. Seize chambres, treize à 1 lit et trois à 2 lits. Prix des chambres de 8 à 16 francs. Electricité. Salle de bain. W. C. Garage. Numéro du téléphone : 3. Prix du repas 12 francs. Pension grande personne 25 à 30 fr.; enfant selon l'âge. Adhère au S. I. de la Creuse. Ligne d'autobus : La Souterraine-Vieilleville.

Hôtel Mériguet. — Propriétaire : MÉRIGUET Louis. Quatre chambres ; trois à 1 lit et une à 2 lits. Electricité. Prix des chambres : minimum : 7 francs. Garage. Prix du repas : 10 à 12 francs. Pension grande personne : 27 à 30 francs. Membre du Syndicat d'Initiative de la Creuse. Ligne d'autobus : La Souterraine-Vieilleville.

SAINTE-FEYRE (altitude 460 m.). — Chef-lieu de commune. 400 habitants. A 600 mètres de la ligne Guéret-Montluçon. Voiture sur demande.

Hôtel des Voyageurs. — Mme Vve DALBY-GIRAUDON. Quatorze chambres, dix à 1 lit et quatre à 2 lits. Prix 8 et 15 francs. Electricité, eau courante. W. C. Garage, salle de bains. Numéro du téléphone : 2. Prix du repas 8 à 12 francs. Pension grande personne 20 francs ; enfant, selon l'âge. Arrangement pour long séjour. Adhère au Syndicat d'Initiative.

Hôtel des Touristes. — Propriétaire : PERKOWICH Martial. Quinze chambres ; douze à un lit et trois à deux lits. Electricité. Prix des chambres : minimum : 8 francs, maximum : 12 francs.

Salle de bain. Watter-Closets. Garage. Adresse télégraphique : Hôtel Touriste. N° du téléphone : 7. Prix du repas : 10 et 12 francs. Pension grande personne : 20 francs pour un long séjour. Enfant : 10 francs. Membre du Syndicat d'Initiative de la Creuse. Ligne d'autobus : Sainte-Feyre-Saint-Georges.

SAINT-DIZIER-LEYRENNE (altitude 440 m.). — 500 habitants. Chef-lieu de commune sur la ligne Vieilleville-Bourganeuf.

Hôtel de la Gare. — CHAUNIER, propriétaire. Six chambres, trois à 1 lit et trois à 2 lits. Prix 6 francs. Garage. Prix du repas 10 francs. Pension grande personne 20 à 25 fr. ; enfant moitié prix. Adhère au Syndicat.

SAINT-SULPICE-LE-DUNOIS (altitude 340 m.). — 500 habitants. Gare la plus rapprochée : Saint-Sulpice (1 kilomètre). Service de voiture et d'autobus. Ligne de La Souterraine à Bonnat.

Hôtel du Commerce. — Mme GLOMOT, propriétaire. Cinq chambres, quatre à 1 lit et une à 2 lits. Electricité. Prix des chambres 6 et 18 francs. W. C. Garage. Prix du repas 8 à 12 francs. Pension grande personne de 16 à 25 francs ; enfant de 8 à 12 francs. Adhère au Syndicat. Service d'autobus : La Souterraine-Bonnat.

VALLIERE (altitude 595 m.). — Bourg important, église, buste de Pierre d'Aubusson. Gare la plus rapprochée : Aubusson (14 kilomètres). Service d'autobus.

Hôtel Martichaut. — Vve MARTICHAUT, propriétaire. Huit chambres, sept à 1 lit et une à 2 lits. Prix des chambres, 7 à 12 francs. Garage. Adresse télégraphique : Martichaut, Vallière. Numéro du téléphone · 8. Prix du repas 11 francs. Pension grande personne 22 francs ; enfant, suivant l'âge. Adhère au Syndicat. Lignes d'autobus : Aubusson-Vallière et Felletin-Vallière, Busseau-sur-Creuse-Vallière.

VIEILLEVILLE (altitude 440 m.). — Sur la ligne Saint-Sulpice-Laurière-Montluçon et sur l'Ardour. Lignes d'autobus : La Souterraine - Le Monteil-au-Vicomte, Châtelus-le-Marcheix-Grand-Bourg.

Hôtel Villatte. — THOUARD (Eugène), propriétaire. Vingt chambres ; 17 à 1 lit et 3 à 2 lits. Prix des chambres : 10 à 12 francs. Electricité. W.-C. Garage. Numéro du téléphone : 10. Prix du repas : 12 francs. Pension grande personne : 25 francs. Adhère au Syndicat d'Initiative de la Creuse. Lignes d'autobus : Vieilleville-Monteil-au-Vicomte ; Vieilleville-Châtelus-le-Marcheix.

CORRÈZE

ARGENTAT (altitude 200 m.). — 3.000 habitants, petite ville située à la sortie des gorges de la Dordogne, qui coule entre des collines boisées, dans un cirque où le Doustre, la Maronne et la Souvigne viennent rejoindre la Dordogne. Point de départ de la navigation sur la Dordogne et centre d'excursions. Autobus pour Beaulieu, Saint-Privat, Egletons, Laroquebrou, Brive.

Hôtel de Bordeaux. — M. JARRIGE, propriétaire. Vingt chambres à 1 lit et huit à 2 lits. De 12 à 25 fr. Electricité. Repas 13 francs. Pension 25 à 30 francs. Téléph. n° 19. W. C. dans l'hôtel. Garage. Autobus à la gare.

Modern'Hôtel Notre-Dame. — Mme CHASSAGNE, propriétaire. Vingt-neuf chambres à 1 lit et onze à 2 lits. De 8 à 45 fr. Salles de bains, W. C., électricité, chauffage central, eau courante. Repas de 8 à 14 fr. Pension de 30 à 50 fr. Téléphone 18. Garage.

AUBAZINE (altitude 345 m.). — 839 habitants. Gare P. O., à Aubazine-Saint-Hilaire (3 kil. 500) ; tramways pour Beaulieu (gare de Bourret à 1.500 m.). P. T. T. Fontaine d'eau minérale. Rivières : la Corrèze, le Coiroux. Voir l'église (mon. hist.). Bourg très pittoresque. Tombeau de Saint Etienne. Vieux monastère.

Hôtel Saint-Etienne. — 2e prix T. C. F. année 1924, concours Bienenfeld. Antoine DUROUX, propriétaire. Seize chambres à 1 lit et neuf à 2 lits. De 6 à 12 francs. Salle de bains. W. C. Garage. Repas 10 francs. Pension de 22 fr. à 25 fr. Autos à volonté.

Hôtel du Coiroux. — Vve Marie MERCIER, propriétaire. Onze chambres à 1 lit et quatre à 2 lits. De 5 à 10 francs. Salle de bains. W. C. Garages. Repas, 12 francs. Pension de 25 à 28 francs.

AYEN (altitude 300 m.). — 1.010 habitants. A peu de distance le Temple d'Ayen et le vieux Ayen à visiter.

Hôtel de la Poste. — François DEYZAC, propriétaire. Quatre chambres à 1 lit, une à 2 lits. De 5 à 8 francs. Repas 12 francs. Garage.

BEAULIEU-SUR-DORDOGNE (altitude 140 m.). — 1.886 habitants. Petite ville admirablement située au milieu d'une vallée riante et pittoresque, cadre ravissant dont la beauté a souvent inspiré les artistes. Vieilles maisons, vieilles fortifications, église du XIIe siècle, etc... Gare Bretenoux-Biars (Lot), 6 kilomètres. Autobus pour Tulle, Argentat, Mercœur, Bretenoux-gare.

Hôtel de Bordeaux. — Gaston PEYRAT, propriétaire. Quatorze chambres à 1 lit et dix à 2 lits. De 10 à 25 francs. Electricité, chauffage central, eau courante. Salle de bains. W. C. dans l'hôtel. Repas 13 à 15 francs. Pension de 25 à 30 francs, enfant 12 à 15 francs. Garage. Autobus à la gare. Téléphone, 16.

Hôtel de Paris. — Louis BLAMER, propriétaire. Dix chambres à 1 lit, deux à 2 lits. De 10 à 15 francs. Electricité. W. C. dans l'hôtel. Repas 12 fr. Pension 25 francs. Garage. Autobus à la gare.

Hôtel Fournie. — Dix chambres à 1 lit, deux chambres à 2 lits, de 10 à 15 fr. Electricité. Repas 10 à 15 fr. Pension de 20 à 30 fr., enfant 12 à 15 fr. Garage, autobus à la gare.

Ancien Hôtel Ginibrière. — LAQUIÈZE, propriétaire. Quatre chambres et chambres chez les particuliers. De 10 à 15 francs. Electricité. Repas 10 à 12 fr. Pension de 20 à 30 fr., enfants 12 à 15 francs. Garage.

BEYNAT (altitude 650 m.). — 1.756 habitants. Région pittoresque entourée de nombreux « puys », jolis panoramas. Excursions variées. Station Brive P. O. ou Beynat Tramway. Autobus Brive-Beynat. Autobus : Brive-Beynat-Argentat.

Hôtel des Touristes. — Edouard ESPARGELIÈRE, propriétaire. Dix chambres à 1 lit et deux à 2 lits. De 6 à 10 francs. Eau courante. W. C. dans l'hôtel. Repas 12 francs. Pension 25 francs (vin compris). Garage. Membre du S. I.

BORT (altitude 437 m.). — 4.000 habitants. Gracieuse et coquette petite ville bâtie sur les deux rives de la Dordogne, dans une vallée pittoresque que domine, à l'ouest, le massif basaltique des « Orgues ». Eglise romane. Nombreuses excursions. Autobus : Ussel, Condat-en-Feniers, Latour-d'Auvergne.

Central-Hôtel. — Mme Paule MINIER-PARIS, propriétaire. Trente chambres à 1 lit, deux à 2 lits. Electricité, chauffage central, eau courante. W. C. dans l'hôtel. Téléphone 6. Repas à 12 fr. Pension, 30 fr. Garage. Membre du S. I.

Terminus Hôtel. — DROUET, propriétaire. Vingt-sept chambres à 1 lit et huit à 2 lits. De 12 fr. à 20 francs. Electricité, chauffage central. W. C. dans l'hôtel. Téléph. 35. Repas à 15 francs. Pension à partir de 25 francs. Garage.

Restaurant Monégère. — Vve MONÉGÈRE, propriétaire. Cinq chambres à 1 lit, une à 2 lits. De 10 à 15 francs. Electricité. Repas 12 francs. Pension à partir de 30 francs. Garage.

BRIVE (altitude 141 m.). — 28.000 habitants. Capitale du Bas-Limousin. Aujourd'hui chef-lieu d'arrondissement et charmante station touristique. Brive s'impose par sa situation comme centre d'excursions. Chemin de fer P. O. Paris-Toulouse. Point de départ des circuits automobiles.

Hôtel de Bordeaux. — AUBERTY (Jean et Pierre), propriétaires.

Soixante-dix chambres à 1 lit et dix à 2 lits. De 15 à 60 francs. Vingt-cinq chambres avec salle de bains. Électricité, chauffage central, eau courante chaude et froide. W. C. Repas 15 francs. Téléphone 59. Pension 45 fr. par jour. Garage. Membre du S. I.

Hôtel de l'Étoile et du Parc. — M. JONIS (Alphonse), propriétaire. Soixante-deux chambres. De 10 à 40 fr. Électricité, chauffage central, eau courante chaude et froide. Repas 13 fr. Salles de bains. W. C. dans l'hôtel. Salons particuliers. Téléphone 43. Garages. Superbe terrasse et parc. Membre du S. I.

Rôtisserie de la Truffe noire. — LABRUNIE Armand, propriétaire. Douze chambres à 1 lit et trois à 2 lits, de 20 fr. à 30 fr. Salle de bains, électricité, chauffage central, eau courante. W. C. dans l'hôtel. Garage. Repas 15 fr., pension ? 50 fr. Membre du S. I.

Hôtel de la Boule d'Or. — BERNARD, propriétaire. Sept chambres à 1 lit et trois à deux lits, de 10 à 12 francs. Électricité. W. C. dans l'hôtel. Garage. Prix du repas : 12,50. Pension, 35 fr. par jour. Réduction pour séjour. Membre du S. I.

Hôtel de l'Industrie. — Emile GIRAUDON, propriétaire. Trente chambres à 1 lit et deux à 2 lits. De 12 à 18 francs. Électricité, chauffage central, eau courante. Salle de bains. W. C. dans l'hôtel. Repas 13 francs. Pension 34 francs, enfant 30 francs. Téléph. 29. Garage. Membre du S. I.

Terminus Hôtel. — Georges BERTHY, propriétaire. Quatre-vingts chambres à 1 lit et douze à 2 lits. De 10 à 40 francs. Électricité, chauffage central, eau courante chaude et froide. Salles de bains. W. C. dans l'hôtel. Repas 13 francs. Tél. 49. Garage.

Hostellerie du Chapon fin. Restaurant. — L. BEISSO, propriétaire. Repas 12 et 15 francs. Pension 20 et 26 francs. Téléph. 105. Garage.

BUGEAT (altitude 720 m.). — Chef-lieu de canton, région des terres froides et des hauts plateaux. Nombreux sites pittoresques, centre de pêche et chasse. Autobus : Tulle-Sornac-Égletons-Millevaches.

Hôtel du Grand Cerf. — Mme Vve JABOUILLE, propriétaire. Onze chambres à 1 lit, 7 francs. Électricité, eau courante, W. C. Repas 10 francs. Pension 25 francs. Garage. Membre du S. I.

Hôtel des Touristes. — Mme Vve PEYRAT, propriétaire. Dix chambres à 1 lit, de 7 à 12 francs. Électricité, chauffage central, eau courante, W. C. Repas 12 francs. Pension 30 francs. Garage. Membre du S. I.

Grand Hôtel des Voyageurs. — François PANET, propriétaire. Huit chambres à 1 lit et cinq à 2 lits. De 8 à 15 francs. Électricité, chauffage central, eau courante, W. C. Salle de bains. Repas 12 francs. Pension de 25 à 30 francs. Téléphone 8. Garage. Membre du S. I.

Hôtel de Paris. — Léon MOUNEAUX, propriétaire. Huit chambres à 1 lit, deux à 2 lits. De 6 à 12 francs. Electricité. W. C. Repas 12 francs. Pension 25 francs. Garage. Membre du S. I.

Hôtel Varriéras. — Six chambres à 1 lit. De 10 à 15 francs. Electricité. Repas 10 francs. Pension de 20 à 25 francs. W. C. Téléphone 2. Garage. Membre du S. I.

Hôtel de la Boule d'Or. — Félix POULET, propriétaire. Cinq chambres à 1 lit et quatre à 2 lits. De 7 à 12 francs. Electricité, eau courante, W. C. Repas 10 francs. Pension 25 francs. Garage. Membre du S. I.

LA CELLE. — 465 habitants. Altitude de cure d'air, pays de pêche.

Hôtel des Voyageurs. — M. JEANNOT Clément, propriétaire. huit chambres à 1 lit · deux à 2 lits, de 10 à 15 fr. Electricité. W. C. dans l'hôtel. Garage. Téléphone n° 2. Prix du repas : 12 fr. Prix de la pension, par grande personne, 30 fr. Services automobiles de La Celle à Treignac et de La Celle à Chamberet et Masseret.

CLERGOUX (altitude 140 m.). — 562 habitants. Tramways de Tulle à Ussel. P. T. T. Petit bourg coquet ; nombreux étangs (promenades en bateau). A 12 kilomètres, gorges de la Dordogne, belles routes, sites merveilleux ; château de Sédières (XVIᵉ siècle).

Hôtel Chammard. — Six chambres à 1 lit ; 5 francs. Electricité. Téléph. 4. Repas 10 francs. Pension 20 fr., enfants 15 fr. Garage.

CORREZE (altitude 420 m.). — 1.720 habitants. Petite ville curieuse traversée par la Corrèze ; bâtiments gothiques ; murs d'enceinte ; portes fortifiées ; maisons ogivales ; hôtel des ducs de Rohan ; rétable de 1714. Gare P. O. à 5 kilomètres. Autobus de Bugeat à Tulle.

Hôtel du Commerce. — Louis BROCARD, propriétaire. Six chambres à 1 lit et deux à 2 lits. De 6 à 10 francs. Electricité. W. C. dans l'hôtel. Repas 12 francs. Pension 25 fr., enfants 12 francs. Garage.

EGLETONS. — 1.854 habitants. Gare P. O. à 1.800 mètres ; autobus pour Neuvic, Argentat, Mauriac et Bugeat. Ancienne ville fortifiée arrosée par la Luzège et le Doustre. Belles promenades. Autoubs : Neuvic-Argentat-Mauriac-Treignac.

Hôtel de Bordeaux. — Albert DEYMARD, propriétaire. Dix-huit chambres à 1 lit, quatre à 2 lits. De 8 à 12 francs. Electricité, eau courante chaude et froide. Salles de bains. W. C. dans l'hôtel. Repas, 12 francs. Pension, 26 francs. Téléphone, 20. Garage.

Hôtel Saint-Jules. — GRAFOUILLÈRE, propriétaire. Cinq chambres à 1 lit et cinq à 2 lits. De 6 à 12 francs. Electricité, eau courante. W. C. dans l'hôtel. Repas 10 fr. Pension 25 francs. Garage.

Hôtel de la Poste. — Chapoulie (Henri), propriétaire. Quatorze chambres à 1 lit, deux à 2 lits, de 12 à 20 francs. Electricité, chauffage central, eau courante, W. C. Salles de bains. Prix du Repas : 12 francs. Pension, 25 à 30 fr. Téléphone 31. Garage. Membre du S. I.

EYGURANDE-MERLINES. — 962 habitants. Situation privilégiée pour cure d'air et de repos au milieu des bruyères de la montagne. Eglise romane. Voie romaine. Gare d'Eygurande-Merlines, autobus. Autobus : Meymac-Sornac-La Courtine.

Hôtel de Paris Terminus. — Alfred Gilbert, propriétaire. Quinze chambres à 1 lit, cinq à 2 lits. De 10 à 16 francs. Electricité, chauffage central, W. C. dans l'hôtel. Repas à 10 francs. Pension 28 francs. Téléphone 1. Garages. Membre du S. I.

GIMEL (altitude 494 m.). — 748 habitants. Petit bourg célèbre par ses cascades (cinq). Ruines d'un château du xvi⁰ et de l'église Saint-Etienne-de-Braguse du xii⁰, châsse de Saint Etienne. Pays très boisé et pittoresque.

Hôtel de la Cascade. — Broussole, propriétaire. Quatre chambres à 1 lit et huit à 2 lits. De 7 à 10 fr. Electricité. W. C. dans l'hôtel. Repas 12 fr. Pension, 25 fr. Téléph. 4. Garage.

LARCHE (altitude 90 m.). — 614 habitants. Joli bourg, région pittoresque. Aux environs vieux dolmens.

Hôtel des Voyageurs. — Jean-Louis Delpech, propriétaire. Sept chambres à 1 lit et une à 2 lits. Electricité. W. C. dans l'hôtel. Prix des chambres 8 francs. Repas 10 fr. Pension 24 francs, enfants 12 fr. Téléph. 5. Garage.

LA ROCHE-CANILLAC (altitude 310 m.). — 350 habitants. Gare des tramways dép. Localité moyennâgeuse arrosée par la Doustre et la Dordogne ; nombreux étangs ; pays boisé ; tour des Canillac ; église (xiv⁰ siècle). Autobus pour Argentat et Egletons, tramway de Tulle à Lapleau.

Hôtel Pension de Famille (Villa La Clauzure). — Clément Auburtin (Ex-chef de Margery). Quatorze chambres, de 10 à 12 francs. Chauffage central, eau courante, salle de bains. W. C. dans l'hôtel. Repas 15 francs. Pension 30 francs. Garage. Membre du S. I.

LE LONZAC (altitude 468 m.). — 2.044 habitants. Petite ville aux alentours castels et manoirs intéressants. Non loin de la chaîne des Monédières.

Hôtel Chambras. — Onze chambres à 1 lit, deux à 2 lits. De 8 à 12 francs. Electricité, eau courante. W. C. dans l'hôtel. Repas 12 francs. Pension de 25 à 30 francs et 10 à 20 fr. pour enfants. Téléph. n⁰ 2. Garage.

LUBERSAC. — 3.268 habitants. Petite ville célèbre par ses maisons de la Renaissance. Intéressante église romane, château moderne.

Hôtel Laporte. — Huit chambres, dont six à 1 lit et deux à 2 lits. De 8 à 10 francs. Electricité. W. C. dans l'hôtel. Garage.

MARCILLAC-LA-CROISILLE (altitude 530 m.). — 1.604 habitants. Petite localité au milieu des bois et des prairies. Cure d'air et de repos.

Hôtel Marouby. — Sept chambres à 1 lit. 5 francs. Electricité. Repas 10 francs. Pension 22 francs, enfants 14 francs. Tél. n° 3. Garage pour autos.

MEYMAC (altitude 700 m.). — 3.642 habitants, chef-lieu de canton. Charmante petite ville et station climatique. Nombreuses promenades, dans une région pittoresque. Maisons à tourelles et curieuse église romane du XIIe ; tour de l'horloge, anciennes fortifications, etc... Autobus : Mauriac-Sornac-Eygurande-La Courtine.

« *Modern* » *Hôtel.* — Camille FAUGERON, propriétaire. Vingt chambres à 1 lit. De 10 à 15 francs. Electricité, chauffage central, eau courante. Salle de bains. W. C. dans l'hôtel. Repas 10 francs. Pension 30 francs. Téléph. n° 19. Garage.

Splendid Hôtel. — BOULLU (Jean), propriétaire. Dix-huit chambres à 1 lit, deux à 2 lits. De 12 à 25 francs. Electricité, chauffage central, eau courante, salle de bains. W. C. dans l'hôtel. Repas 12 francs. Pension hiver 25 fr., été 30 francs. Garage. Téléphone n° 5.

Hôtel de Bordeaux. — J.-Baptiste BRAGADOUR, propriétaire. Dix chambres à 1 lit, deux à 2 lits. 10 francs. Repas 10 francs. Pension 28 francs.

MEYSSAC (altitude 162 m.). — 755 habitants. Chef-lieu de canton. Gare à 8 kilomètres : Les Quatre-Routes (Lot). Autobus. Pays de vignobles et de noyers. Carrières meulières. Tour et ruines moyennageuses.

Hôtel des Voyageurs. — MARBOUTIE, propriétaire. Dix-huit chambres à 1 lit, deux à 2 lits. De 8 à 10 francs. Electricité. W. C. Repas de 12 à 14 francs. Pension 25 francs. Téléph. 7. Garage.

MERCŒUR (altitude 527 m.). — 112 habitants. Gare P. O. Bretenoux-Biars (Lot). Services d'autobus. Région particulièrement intéressante au point de vue minéralogique, site pittoresque et sauvage.

Hôtel du Commerce « *L'Auberge Rustique* ». — L.-C. PALIDE, propriétaire. Cinq chambres à 1 lit et une à 2 lits. Eau courante. De 6 à 12 francs. Repas 12 francs. Pension 20 francs. Membre du S. I.

NEUVIC-D'USSEL (altitude 625 m.). — 3.006 habitants. Station touristique d'été, située sur un magnifique plateau du versant Sud-Est du Massif Central, avec une vue merveilleuse sur le Mont-Dore et les Monts d'Auvergne. A 2 kilomètres, gorges pittoresques et sauvages de la Triouzoune (superbe panorama). Service d'autobus de Meymac et Mauriac.

Hôtel Marre. — Mme Vve MARRE, propriétaire. Six chambres à 1 lit, une à 2 lits. De 8 à 12 francs. Électricité. W. C. dans l'hôtel. Repas 10 francs. Pension 30 francs, enfants 20 francs. Garage pour autos. Membre du S I.

POMPADOUR (altitude 480 m.). — 2.000 habitants. Gare P. O., autobus d'Objat à Uzerche. Bourg coquet situé dans une région d'élevage à races célèbres. Château historique. Région boisée. Superbe hippodrome. Autobus : Juillac-Objat-Uzerche. Uzerche.

Hôtel du Pavillon. — Ernest DUMONT, propriétaire. Electricité, eau courante. W. C. dans l'hôtel. Sept chambres à 1 lit, deux à 2 lits. De 8 à 12 francs. Repas 12 francs. Pension 30 fr., Garage. Téléph. n° 9.

Hôtel Roch. — Vve SOIRAT, propriétaire. Electricité. Trois chambres à 1 lit, une à 2 lits. 8 francs. Repas 12 francs. Pension 25 francs, enfants 20 francs. Garage.

SAINT-MARTIN-LA-MEANNE. — Gares tramways départementaux à Laroche-Canillac (8 kil.) et P. O. à Argentat (12 kil.); autobus d'Argentat à Egletons. Alt. 486 m., 1.033 habitants, sur la Dordogne ; église du xv° siècle. Autobus : Montaignac-Saint-Hippolyte.

Hôtel des Voyageurs. — Antony MONGAUZE, propriétaire. Huit chambres à 1 lit et deux à 2 lits. Eau courante. Prix des chambres de 6 à 10 francs. Repas 12 francs, vin compris. Pension 24 francs, enfants 12 francs. Garage. Membre du S. I.

SAINT-PRIVAT (altitude 620 m.). — 955 habitants. P.T.T., Electricité, Médecins, Pharmaciens, Mécaniciens. Coquette localité située au centre d'une région dénommée « Xaintrie », plateau largement ondulé dont l'altitude varie entre 450 et 620 m. Elle est admirablement située comme centre d'excursions et permet de visiter les fameuses ruines de la citadelle féodale de Merle, classées comme monument historique ; Servières-le-Château et ses sites agrestes, etc., etc.

Hôtel du Commerce. — H. CONDAMINE, propriétaire. Quinze chambres à 1 lit, quatre à 2 lits. Electricité, salles de bains, W. C. dans l'hôtel. Repas 12 francs. Pension 25 francs. Téléphone n° 2. Garage. Gare P. O. par Lanpiac, Saint-Christophe, à Argentat. Service d'autobus desservant les deux gares.

TARNAC. — Gare P. O. à Bugeat (12 kil.) ; autobus. Alt. 700 mètres, 1.324 habitants. P. T. T. ; médecin ; pêche (truites) dans la Vienne. Pays montagneux ; prairies ; belles routes ; jolis points de vue. Autobus : Sornac-Bugeat.

Hôtel de Paris. — François MAZAUD, propriétaire. Neuf chambres à 1 lit, une chambre à 2 lits. De 8 à 10 francs. W. C. dans l'hôtel. Repas 12 francs. Pension 30 francs, enfants 15 francs. Téléph. n° 2. Garage.

TREIGNAC. — Gare P. O. ; autobus pour La Celle, Uzerche, Chamberet et Masseret. Alt. 482 m., 2.511 hab., P. T. T. ; médecins, pharmaciens. Ville ancienne traversée par la Vézère ; pont et église du xv° siècle ; ruines d'un château féodal. Autobus : Uzerche-La Celle-Masseret.

Hôtel du Chêne-Vert. — Gaston AVENARD, propriétaire. Douze chambres à 1 lit, six à 2 lits. Electricité. W. C. dans l'hôtel. Téléphone 14. Repas 10 et 12 francs. Pension de 25 à 30 francs, enfant demi-tarif. Garage. Membre du S. I.

Nouvel Hôtel. — ENSERGUEIX (Léonard), propriétaire. Dix chambres, de 6 à 8 fr. Electricité. W. C. dans l'hôtel. Garage. Téléphone, 15. Prix du repas, 10 à 12 fr. Pension, 25 à 30 fr. Membre du S. I.

Hôtel de la Brasserie. — DUTHEIL (André). Dix chambres de 8 à 12 fr. W. C. dans l'hôtel. Garage. Prix du repas, 12 fr. Pension 28 francs. Membre du S. I.

Hôtel de France. — NONY (Pierre), propriétaire. Dix chambres, de 10 à 20 francs. Electricité, eau courante. W. C. dans l'hôtel. Garage. Téléph. : 21. Prix du repas, 12 fr. vin compris. Pension, 30 fr. Membre du S. I.

Hôtel de la Bagatelle. — Joachim MICHELON, propriétaire. Huit chambres, de 8 à 15 fr. Prix du repas, 10 à 15 fr. Pension, 25 à 30 fr. membre du S. I.

TULLE (altitude 250 m.). — 13.700 habitants. Gare P. O. Vieille ville pittoresquement située dans une vallée profonde et étroite au confluent de la Corrèze et de la Solane, maisons des xv° et xvi° siècles. Cloîtres des xii° et xiii° siècles. Cathédrale du xiii°, etc... Tramways départementaux et autobus : Brive-Beaulieu-Bugeat.

Nouvel Hôtel. — Jean DAUBECH, propriétaire. Vingt-sept chambres à 1 lit, quatre à 2 lits. De 10 à 25 francs. Electricité, chauffage central, eau courante, salles de bains. W. C. dans l'hôtel. Repas 15 francs. Pension 30 à 35 francs. Téléph. 41. Garages pour autos. Membre du S. I.

Hôtel Moderne. — Jacques CHARNET, propriétaire. Trente-cinq chambres à 1 lit, cinq à 2 lits. De 10 à 35 francs. Electricité, eau courante, chauffage central. W. C. dans l'hôtel. Repas 15 francs. Téléph. n° 16. Garage. Membre du S. I.

USSEL. — Gare P. O. ; autobus pour Bort ; tramways pour Neuvic, Lapleau, Tulle. Alt. 650 m., 5.520 habit., P. T. T. ; médecins, pharmaciens. Ville très pittoresque arrosée par la Diège et la Sarsonne ; vieilles maisons ; pays montagneux.

Grand Hôtel. — Joseph NOUAILL, propriétaire. Onze chambres à 1 lits, deux à 2 lits. De 10 à 16 francs. Electricité, chauffage électrique. W. C. dans l'hôtel. Salle de bains. Repas 16 francs. Pension 3o francs, enfants 15 francs. Tél. n° 9. Garage.

Hôtel des Messageries. — F. JACQUIER, propriétaire. Quinze chambres à 1 lit et cinq à 2 lits. Electricité, chauffage central. Téléphone 36. Repas de 10 à 15 fr. Garage. Membre du S. I.

Hôtel du Midi. — J. LAUBIE, propriétaire. Douze chambres à 1 lit. De 8 à 10 francs. Pension 25 francs. Repas 11 francs. W. C. Electricité. Garages. Membre du S. I.

Hôtel de la Gare et Terminus. — MONTLETANT, propriétaire. Chauffage électrique. Téléphone 4. Membre du S. I.

Nouvel Hôtel. — M™ LAGRAFEUIL, propriétaire. Douze chambres à 1 lit, deux à 2 lits. De 10 à 16 francs. Electricité, chauffage central, eau courante, W. C. Repas 16 francs. Pension 3o fr., enfants 15 francs. Téléphone 11. Garage. Membre du S. I.

UZERCHE (altitude 346 m.). — 3.100 habitants. Ligne P. O. Paris-Toulouse, autobus. Ancienne et curieuse petite cité, l'ex-Uxellodunum de César, dont le site admirable constitue une des merveilles du Limousin. Pittoresquement assise sur un roc élevé autour duquel coule la Vézère, Uzerche présente un aspect remarquable de péninsule hérissée de toits et de flèches. Vieux châteaux. Eglise du xii° siècle, etc... Centre de tourisme. Région boisée. Autobus : Ségur-Pompadour-Objat.

Hôtel du Commerce. — TEYSSIER, propriétaire. Douze chambres à 1 lit, quatre à 2 lits. Electricité, chauffage central, eau courante. W. C. dans l'hôtel. Repas 13 francs. Pension 32 fr., enfants 15 fr. dix jusqu'à ans. n° Tél. 5. Garage. Membre du S. I.

Hôtel Chavant. — Seize chambres à 1 lit, huit à 2 lits. De 10 à 24 francs. Electricité, eau courante chaude et froide. Salle de bains. W. C. dans l'hôtel. Repas 12 francs. Pension 25 à 3o francs. Téléph. n° 28. Garage. Membre du S. I.

Hôtel Ambroise. — DUGOUDRON Ambroise, propriétaire. Huit chambres à 1 lit et quatre à 2 lits. De 6 à 12 francs. Electricité. Repas 10 francs. Pension de 25 à 3o francs. Tél. n° 8. Garage.

Hôtel Moderne. — Justin LÉONARD, propriétaire. Treize chambres à 1 lit et trois à 2 lits. De 10 à 12 francs. Electricité. W. C. dans l'hôtel. Repas 10 francs. Pension 25 francs, enfants 20 fr. Téléph. n° 23. Garage. Membre du S. I.

Pavillon Bellevue. — Hôtel meublé, Jacques REINIER, propriétaire. Dix-huit chambres à 1 lit et deux à 2 lits. De 10 à 18 francs. Electricité, eau courante, chaude et froide. Salles de bains. W. C. Membre du S. I. Tennis.

VIGEOIS. — Gare P. O. Alt. 418 m., 2.333 habitants, P. T. T.; médecin, pharmacien. Bourg ancien arrosé par la Vézère ; jolies promenades aux alentours ; église (mon. hist.).

Hôtel du Midi. — Edmond CHADAL, propriétaire. Sept chambres à 1 lit, trois à 2 lits. De 8 à 10 francs. Electricité. W. C. dans l'hôtel. Repas 12 francs. Pension 22 francs. Garage.

Hôtel des Voyageurs. — Louis CHASSAGNE, propriétaire. Neuf chambres à lit. Prix 6 francs. Electricité. Repas 12 francs. Pension 20 francs. Téléphone n° 6. Garage.

Aux Hôteliers et Aubergistes

MM. les Hôteliers et Aubergistes sont invités à nous transmettre leurs corrections et rectifications.

— Aux Touristes —

Les Touristes sont priés de nous transmettre leurs remarques et leurs suggestions.

DORDOGNE

BEAUMONT-DU-PERIGORD (altitude 136 m.). — Chef-lieu de canton de 1.014 habitants. Station la plus rapprochée Couze, à 10 kilomètres, sur la ligne de Bergerac au Buisson (P.-O.). Autobus : Le Buisson à Villeréal. Monpazier à Couze. Belvès à Bergerac. Bastide fondée en 1272, qui possède une église fortifiée du XIII° siècle avec une porte richement sculptée. Curieuses maisons à cornières. Non loin de Beaumont, Saint-Avit-Sénieur avec une imposante église du XII° siècle.

Hôtel du Commerce. — P. VITRAC, propriétaire. Quatre chambres à 1 lit, quatre à 2 lits. De 7 à 8 francs. W.-C. dans l'hôtel. Garage pour autos. Membre du S. I.

Hôtel du Périgord. — A.-J. VEYSSIE, propriétaire. Six chambres à 1 lit, deux à 2 lits. De 8 à 14 francs. Repas, 12 à 15 francs. W.-C. dans l'hôtel. Pension depuis 20 francs. Enfants, prix à débattre. Garage pour autos. Membre du S. I.

BEAUPOUYET. — Commune de 560 habitants. Station de la ligne P. O. de Périgueux à Bordeaux. Non loin Ch. de Fournil, grand élevage.

Café-Restaurant de la Gare. — Léo CLUZEAU, propriétaire. Trois chambres à 1 lit. De 6 à 8 francs. W. C. dans l'hôtel. Repas de 8 à 12 francs. Pension 18 francs, enfants 12 francs. Garage pour autos.

BELVES (altitude 177 m.). — Chef-lieu de canton de 1.535 habitants. Station sur la ligne P. O. de Périgueux à Agen, 3 kilomètres. Curieuse petite ville sur une colline dominant la vallée de la Noze. Vieilles halles, vieux logis des époques Gothique et Renaissance. Autobus Belvès-Beaumont-Bergerac.

Hôtel Sully. — C. SULLY-DELFAUD, propriétaire. Douze chambres à 1 lit, quatre à 2 lits. Electricité, eau courante. De 10 à 15 francs. W.-C. dans l'hôtel. Repas : 12 francs, vin compris. Pension : 28 francs ; enfants : 20 francs. Adresse télégraphique : Sully-Belvès. Téléph. n° 20. Garage pour autos. Membre du S. I.

Restaurant du Chapon fin. — GAMOT, propriétaire. Repas 12 francs vin compris. Cuisine du pays. Garage pour autos.

BERGERAC (altitude 32 m.). — Sous-préfecture de 15.652 hab. Station du chemin de fer P. O. de Libourne à Sarlat, d'Angoulême à Bergerac, de Marmande à Bergerac. Gare de la Compagni.. des Chemins de fer départementaux, ligne de Périgueux à Bergerac. Autobus Bergerac-Sigoulès-Eymet ; Bergerac-Sainte-Alvère-Le Bugue ; Bergerac-Beaumont-Belvès ; Bergerac-Périgueux. (Synd. d'Init.). Belle église moderne. Musée à l'Hôtel de Ville. Vieux quartiers. A 9 kilomètres, Montbazillac (crû renommé).

Hôtel de Londres. — Louis CHATAGNIER, propriétaire. Vingt-huit chambres à 1 lit, douze à 2 lits. Electricité, chauffage central, eau courante. 14 à 70 francs. Salle de bain. W.-C. dans l'hôtel. Repas 15 fr. Adresse télégr. « Hôtel Londres ». Téléph. n° 11. Garage pour autos.

Hôtel du Commerce. — BARRAUD, propriétaire. Dix-sept chambres à 1 lit, trois à 2 lits. Electricité, chauffage central, eau courante. De 12 à 40 francs. Salle de bain. W.-C. dans l'hôtel. Repas 15 francs. Pension 34 francs. Adresse télégr. « Hôtel Commerce ». Téléph. n° 119. Garage pour autos. Membre du S. I.

Terminus Hôtel. — Marcel DUSSAUT, propriétaire. Dix-sept chambres à 1 lit, trois à 2 lits. Electricité. De 12 à 20 fr. W.-C. dans l'hôtel. Repas, 13 francs. Adresse télégr. « Terminus Bergerac ». Téléph. n° 109. Garage publ. à 100 mètres.

Hôtel de Bordeaux. — A. MAURY, propriétaire. Dix-huit chambres à 1 lit, deux à 2 lits. Electricité, chauffage central, eau courante. 12 à 25 francs. Salle de bain. W.-C. dans l'hôtel. Repas, 15 francs. Pension, 40 francs. Garage pour autos. Adresse télégr. « Maury Hôtel, Bergerac ». Téléphone n° 118. Membre du S. I.

BEYNAC (altitude, sur la route 62 m., au château 152 m.). — Village de 484 habitants, sur la Dordogne. Station de Vézac, ligne du Buisson à Sarlat, 1 k. 200. Autobus Vezac-La Roque-Gageac-Domme. S'étend du bord de la rivière jusqu'au château féodal des XIIIᵉ, XIVᵉ et XVᵉ siècles, restauré et bien entretenu, situé sur un rocher très élevé d'où la vue est splendide. En face Beynac, ch. de Fayrac des XVᵉ et XVIᵉ siècles et ruines du ch. de Castelnaud.

Hôtel Bonnet. — P. BONNET, propriétaire, sur la route, près de la Dordogne. Vingt chambres à 1 lit, quatre à 2 lits. Eau courante. Electricité. De 15 à 20 francs. W.-C. dans l'hôtel. Repas 14 francs. Pension, de 32 à 35 francs. Garage pour autos. Téléph. n° 1. Adresses télégr. « Bonnet, Beynac ». Membre du S. I.

BOULAZAC. — Commune de 1.212 habitants, à 5 kilomètres de Périgueux, mais s'étendant jusqu'aux faubourgs de cette ville. Station des Autobus de Périgueux à Hautefort.

Restaurant de la Charmille. — Sur la route de Périgueux à Brive, à 1 kil. 500 de la station du P.-O. de Périgueux-Saint-Georges. GRELLET-AUMONT, propriétaire. Repas à la carte. Membre du S. I.

BOURDEILLES (altitude 82 m.). — Jolie petite ville de 984 habitants, sur la Dronne. Station chemins de fer départementaux, ligne de Périgueux à Saint-Pardoux, à 1 kil. 500. Château du xive siècle. Eglise du xiie siècle restaurée. Belles promenades en terrasse sur la Dronne.

Hôtel des Touristes et Voyageurs. — A. Augeix, propriétaire. Six chambres à 1 lit. Electricité. Prix, de 9 à 15 fr. W.-C. dans hôtel. Repas, de 10 à 15 francs. Pension, 26 francs. Garage pour autos. Service d'autobus pour la gare. Membre du S. I.

BRANTOME (altitude 105 m.). — 2.073 habitants. Petite ville admirablement située sur la Dronne qui l'entoure de tous côtés, où l'on peut admirer le Pavillon et les reposoirs Renaissance, la porte des Réformés, le pont Condé, la fontaine Médicis. Etablissement départemental de pisciculture. Esplanade des Terrasses et Allées Henri-IV. Monuments remarquables : abbaye, église, cloître, clocher xiie siècle, grottes, belles promenades ; chemins de fer départementaux, ligne de Périgueux à Saint-Pardoux. Autobus sur Périgueux, Thiviers, Mareuil, Larochebeaucourt.

Hôtel Chabrol. — Olivier Roy, propriétaire. Dix chambres à 1 lit. Dix à 2 lits. 10 francs à 20 francs. Electricité. Chauffage central. Eau courante chaude et froide. Repas, 14 et 15 francs. Téléphone n° 6. Salle de bain. W.-C. dans hôtel. Garage pour autos. Membre du S. I.

Hôtel Moderne. — André, propriétaire. Dix chambres à 1 lit. Sept à 2 lits. De 12 à 26 francs. Electricité. Chauffage central. Eau courante. Repas, 12 à 15 francs. Pension, 25 à 35 francs. Enfants demi-prix. Téléphone n° 15. Salle de bain. W.-C. dans hôtel. Garage pour autos. Charmille pour repas l'été. Poste de T. S. F. Membre du S. I.

LE BUGUE (altitude 50 m.). — Chef-lieu de canton de 2.131 habitants. Station de la ligne Périgueux-Agen à deux kilomètres. Autobus Le Bugue-Saint-Alvère-Bergerac ; hebdomadairement Le Bugue-Cendrieux-Vergt. Petite ville sur la Vézère. A 6 kilomètres gouffre de Proumeyssac, profondeur 50 mètres. Eclairé à l'électricité.

Hôtel de France. — G. Gilbert, propriétaire (ancienne maison Ladeuil). Douze chambres à 1 lit. Quatre à 2 lits. De 10 à 25 francs. Electricité. Chauffage central. Eau courante. Salle de bains. W.-C. dans l'hôtel. Repas 12 et 14 francs, vin compris. Pension 25 à 30 francs, selon l'âge. Garage. Téléphone n° 1. Membre du S. I.

LE BUISSON (altitude 130 m.). — Importante commune au croisement des lignes du P.-O. de Périgueux à Agen et de Bergerac à Sarlat (1.445 habitants). Autobus pour Cadouin, Beaumont.

Buffet-Hôtel. — DESUSCLADE, propriétaire. 6 chambres à 1 lit, deux à 2 lits. De 8 à 12 francs. Électricité. Repas, 12 francs. Pension, 30 francs ; pour enfants, 15 francs. Téléphone n° 7. Membre du S. I.

CADOUIN (altitude 244 m.). — Chef-lieu de canton de 452 habitants Lieu de pèlerinage célèbre. Dans son église romane du xii° siècle se trouve un des linges ayant servi à l'ensevelissement du Christ. Les cloîtres des xiii° et xiv° siècles sont une merveille architecturale. Dans le presbytère, tapisseries d'Aubusson du xviii° siècle et livres de chœur manuscrits du xii° siècle. Station du Buisson, sur la ligne de Bergerac à Sarlat. 6 kilomètres. Autobus Le Buisson-Beaumont-Villeréal.

Hôtel du Lion-d'Or. — FAGETTE, propriétaire. Quatre chambres à 1 lit. Une à 2 lits. De 8 à 15 francs. Repas 12 francs vin n. c. W.-C. dans hôtel. Garage pour autos. Adresse télégraphique : « Fagette, Cadouin ».

Hôtel du Périgord. — P. CALÈS, propriétaire. Cinq chambres à 1 lit. Six francs. Repas 10 francs. Pension 15 francs. Enfant 10 francs.

CÉNAC-ET-SAINT-JULIEN (altitude 65 m.). — Commune de 1.020 habitants, au bas de Domme, sur la Dordogne. Eglise de Cénac, du xii° siècle, mon. hist. Eglise de Saint-Julien du xii° siècle. Clocher du xiii°. Station de Vézac, sur la ligne du Buisson à Sarlat, 6 kilomètres. Station des Chemins de fer départementaux de Sarlat à Villefranche-du-Périgord. Autobus Domme-Laroque-Gageac-Vézac.

Hôtel Pauly. — Joseph GUINOT, propriétaire. Deux chambres à 1 lit. Deux à 2 lits. De 8 à 12 francs. W.-C. dans l'hôtel. Repas depuis 10 francs. Pension 28 francs. Garage pour autos. Adresse télégraphique : « Guinot, Cénac ». Membre du S. I.

CHAMPAGNAC-DE-BELAIR (altitude 110 m.). — Chef-lieu de canton de 787 habitants, sur la Dronne. Station des Chemins de fer départementaux. Ligne de Périgueux à Saint-Pardoux. Le samedi autobus Brantôme-Champagnac-Thiviers. Dans sa belle église romane statue colossale de saint Christophe, patron des automobilistes. Belle vue sur la vallée.

Hôtel Vve Salinier-Duverneuil. — Deux chambres à 5 francs et 8 francs. Électricité. Repas 10 francs. Pension depuis 20 francs. Garage pour autos.

COLY (altitude 116 m.). — Sur la route de Condat à Sarlat (163 habitants). A quelques kilomètres, *Saint-Amand-de-Coly.* Belle église fortifiée. Ruines d'un monastère du xii° siècle. Station Condat-Bersac, ligne de Périgueux à Brive, 6 kilomètres. Autobus de Condat-Bersac-Salignac-Souillac.

Hôtel Teyssou. — H. Teyssou, propriétaire. Trois chambres à 1 lit. Une à 2 lits. Six à dix fr. Electricité. W.-C. dans l'hôtel. Garage pour autos. Repas, 14 francs. Pension grande personne, 30 francs. Enfant, 18 francs. Adresse télégraphique : « Teyssou, Coly ». Téléphone n° 1. Membre du S. I.

CONDAT-LE-LARDIN (altitude 80 m.). — Au confluent du Coly et de la Vézère, sur la R. N. 89 de Bordeaux à Lyon. Station du chemin de fer P.-O. de Périgueux à Brive et de Hautefort à Sarlat.

Hôtel Sautet. — Maurice Sautet, propriétaire. Cinq chambres à 1 lit, une à 2 lits. Prix : de 10 à 15 francs. Electricité. Garage pour autos. Repas : 12 à 15 francs. Pension : 28 à 32 francs. Enfants, suivant âge. Membre du S. I.

CUBAS (altitude 140 m.). — 300 habitants. Section de la commune de Cherveix-Cubas. Station de Cherveix-Tourtoirac, sur ligne de Thiviers à Brive, 2 kilomètres. Service de voiture. Autobus Cherveix-Cubas-Génis-Savignac-Lédrier.

Hôtel Lacoste. — Gustave Lacoste, propriétaire. Trois chambres à 1 lit. Deux à 2 lits. Electricité. De 6 à 10 francs. Repas 12 francs. Pension 30 francs. Enfant suivant âge. Garage pour autos. Téléphone n° 5.

DOMME (altitude 220 m.). — Chef-lieu de canton de 1.151 habitants, sur un coteau dominant à pic la Dordogne à 150 mètres de haut. Ancienne bastide du XIII° siècle encore en grande partie entourée de ses remparts, avec ses portes et ses postes de guetteurs. De la terrasse de la Barre panorama merveilleux. Curieuses grottes à stalactites et à stalagmites récemment aménagées. Station de Vézac, sur la ligne du P. O. du Buisson à Sarlat. Autobus Domme-Laroque-Garène-Cezac. Station de Cénac. Station des chemins de fer départementaux. Ligne de Sarlat à Villefranche.

Hôtel du Commerce et de l'Esplanade. — Durand, propriétaire. Dix chambres à 1 lit. Cinq à 2 lits. Prix de 12 à 20 francs. Repas 12 à 15 francs. Pension de 25 à 30 francs. Enfants de 10 à 20 francs. Eau courante. Salle de bain. W.-C. dans hôtel. Garage pour autos. Adresse télégraphique : « Durand, Hôtel, Domme ». Téléphone n° 1. Membre du S. I.

EXCIDEUIL (altitude 150 m.). — Chef-lieu de canton de 1.620 habitants. Station du chemin de fer P.-O. ligne de Thiviers à Brive. Station des Chemins de fer départementaux, ligne de Périgueux à Saint-Yrieix. Ruines imposantes du château des Talleyrand-Périgord.

Central Hôtel (ancien Hôtel Mordier). — Avril, propriétaire. Neuf chambres à 1 lit. Une à 2 lits. Electricité. Eau courante. De 8 à 10 francs. W. C. dans l'hôtel. Repas 10 et 12 francs. Pension 20 francs. Garage pour autos. Téléphone n° 13.

Hôtel Métropole. — Gay Michel, propriétaire. Sept chambres à 1 lit. Une à 2 lits. Prix 10 francs. Électricité. Eau courante chaude et froide. Salle de bain. W. C. dans l'hôtel. Repas 12 francs. Garage pour autos. Téléphone n° 19.

LES EYZIES-DE-TAYAC (altitude 70 m.). — 974 habitants. Dans la vallée de la Vézère. Stations préhistoriques universellement connues. Panoramas splendides. Station de la ligne de chemin de fer P.-O. de Périgueux à Agen. Autobus sur Sarlat. Grottes naturelles et à dessins préhistoriques. Sites pittoresques. Circuits automobiles des vallées de la Dordogne et de la Vézère, du 14 juillet au 30 septembre. S. I.

Hôtel Lesvignes-Duclaud. — M. Duclaud, propriétaire. Dix chambres à 1 lit, dix à 2 lits. De 14 à 25 francs. Repas, 15 francs, vin compris. Électricité. Salle de bain. W.-C. dans l'hôtel. Pension 35 francs. Enfants 25 francs et au-dessous suivant âge. Téléphone n° 7. Garage pour autos. Membre du S. I.

Hôtel de la Gare et de Cro-Magnon (près la gare). — Jean Leyssalles, propriétaire. Seize chambres à 1 lit. Six à 2 lits. Prix 12 à 25 fr. Repas 14 francs (boisson comprise). Téléph. n° 6. Électricité. Eau courante chaude et froide. W.-C. dans hôtel. Adresse télégraphique : « Hôtel Cro-Magnon, les Eyzies ». Garage pour autos avec fosse. Membre du S. I.

GÉNIS (altitude 270 m.). — Commune de 1.164 habitants, sur une colline d'où l'on découvre un beau panorama. Centre d'excursions dans les gorges de l'Auvézère. Voitures à volonté. Station de Cherveix, P. O., à 8 kilomètres, sur ligne de Thiviers à Brive. Arrêt de Génis des chemins de fer départementaux de Périgueux à Saint-Yrieix. Autobus Cherveix-Cubas, Génis-Saint-Mesmin, Savignac-Lédrier.

Hôtel du Clocher. — Le Saulx, propriétaire. Deux chambres à 1 lit. Deux à 2 lits. Électricité. De 8 à 12 francs. Salle de bain. W. C. attenant à l'hôtel. Repas 13 francs. Pension 26 francs. Enfant suivant âge. Garage pour autos.

Hôtel du Périgord. — Mme Vieillecroze, propriétaire. Deux chambres à 1 lit. Deux à 2 lits. Électricité. De 5 à 10 francs. Repas 12 francs. Pension 22 francs. Conditions spéciales pour familles. W.-C. dans hôtel. Garage pour autos. Membre du S. I.

GRANGE-D'ANS. — Commune de 461 habitants, à 8 kilomètres d'Hautefort, à 10 kilomètres de la station de Thenon, sur la ligne P.-O. de Brive à Périgueux.

Restaurant Fr. Nouroux. — Deux chambres à 2 lits. De 6 à 12 francs. W. C. dans l'hôtel. Repas 12 francs. Pension 18 francs. Enfant 14 francs. Garage pour autos.

GROLEJAC (altitude 90 m.). — Petite bourgade de 598 habitants, sur la Dordogne. Station de Grolejac ou de Carsac.

2 kilomètres ligne de Sarlat à Gourdon. Site pittoresque. Pont suspendu sur la Dordogne.

Hôtel-Café Jardel. — Léon JARDEL, propriétaire. Deux chambres à 1 lit. Une à 2 lits. De 6 à 7 francs. Garage pour autos. Repas 12 francs. Pension 25 francs. Enfant 20 francs.

HAUTEFORT (altitude 232 m.). — Chef-lieu de canton de 1.287 habitants. Station de la ligne Brive à Thiviers. Tête de ligne Hautefort à Sarlat. Autobus de Périgueux à Hautefort. Beau château du XI siècle, rebâti aux XVI et XVII, qui appartint au célèbre troubadour Bertrand de Born. Chapelle de l'hospice.

Hôtel et Café Beylot, à Saint-Agnan. — Marg. BEYLOT, propriétaire. Une chambre à 1 lit, deux à 2 lits. Électricité. De 7 à 12 francs. Repas 12 francs. Pension 20 francs, enfants 15 fr. Garage pour autos.

JUMILHAC-LE-GRAND (Altitude 295 m.). — Chef-lieu de canton de 2.600 hab. sur l'Isle. Station de la ligne de chemins de fer départementaux de Thiviers à Saint-Yrieix. Autobus Jumilhac-La Coquille. Très beau château féodal qui domine de la masse élégante et fière de ses tours, tourelles, toitures dentelées et girouettes fantastiques un site boisé et sauvage de réelle grandeur. Cette merveille architecturale qui paraissait bien près de sa ruine vient d'être classée comme monument historique et un descendant de l'ancienne famille des Chapelle de Jumilhac vient de s'en rendre acquéreur avec l'intention de la restaurer.

Hôtel Hériaud. — HABONNEAU, propriétaire. Cinq chambres à 1 lit. Trois à 2 lits. Électricité. W.-C. dans l'hôtel. 8 francs. Repas 10 francs. Pension 20 francs. Enfants 15 francs. Garage pour autos.

LALINDE (altitude 40 m.). — Chef-lieu de canton de 2.050 habitants. Station de la ligne de Sarlat-Bergerac-Libourne (P.-O.). Bastide du XIII siècle sur l'emplacement de la ville gallo-romaine de Diolindum, située entre la Dordogne et le canal de Lalinde creusé sur une longueur de 15 kilomètres latéralement à la rivière pour éviter à la navigation des rapides très dangereux, dont le saut du Grand-Thoret et le saut de la Gratusse. Restes de la maison du gouverneur. Remparts. Joli pont sur la Dordogne. Belle église moderne.

Hôtel des Voyageurs. — FORIE, propriétaire. Huit chambres à 1 lit, deux à 2 lits, de 10 à 15 francs. Électricité. W.-C. dans l'hôtel. Repas, 15 francs, sans boisson.

LANOUAILLE (altitude 300 m.). — Chef-lieu de canton de 1.425 habitants, sur la route de Périgueux à Limoges, par Excideuil et Saint-Yrieix. Château de la Durantie, ancienne propriété du maréchal Bugeaud. Station des chemins de fer départementaux, ligne de Périgueux à Saint-Yrieix. Autobus : Saint-Cyr-les-Champagnes, Payzac-Lanouaille-Thiviers.

Hôtel des Voyageurs. — CHAMINADE, propriétaire. Cinq chambres à 1 lit. Deux à 2 lits. Electricité. Salle de bain. Garage pour autos. Repas 10 francs. Adresse télégraphique :. « Chaminade, hôtel ».

Hôtel Compagnon. — M. COMPAGNON, propriétaire, avenue de Saint-Yrieix. Six chambres à 1 lit, quatre à 2 lits, eau courante. W.-C. dans l'hôtel. Electricité. Jardin. Pension de 20 à 25 fr. Enfant suivant âge. Garage pour autos.

LAURIERE (altitude 100 m.). — Hameau sur l'Isle. Station des chemins de fer départementaux, ligne de Périgueux à Excideuil. 12 kilomètres de Périgueux.

Hôtellerie et Restaurant de la Charmille. — PUYASTIER, propriétaire. Sept chambres à 1 lit. Deux à 2 lits. Prix minimum : 12 francs. Repas, de 12 à 15 fr. Pension grande personne 25 francs. Enfant, 20 francs. Téléphone n° 5 à Sarliac-sur-l'Isle. Adresse télégraphique : « Puyastier, Sarliac ». W.-C. dans l'hôtel. Garage pour autos. Membre du S. I.

LESPARRAT. — Hameau sur la route de Périgueux à Hautefort, à 3 kil. 600 de Périgueux. Autobus de Périgueux-Cubjac-Hautefort.

Restaurant Reydy. — ACHIARY, propriétaire. Repas à la carte. Spéc. du pays. L'été repas dans grand jardin ombragé. Téléphone à Lesparrat.

MONPAZIER (altitude 190 m.). — Chef-lieu de canton de 683 habitants. A 11 kilomètres de la gare du Got, ligne de Périgueux à Agen, et à 25 kilomètres de la gare de Couze, ligne de Bergerac au Buisson. Autobus pour ces deux gares. Type des *bastides* du XIII° siècle. A 7 kilomètres, *Château de Biron*, des plus imposants. Très belle chapelle Renaissance.

Hôtel de Londres. — CASSAGNOLLE, propriétaire. Douze chambres à 1 lit. Deux à 2 lits. De 10 à 15 francs. Repas 15 francs. Electricité. Pension grande personne, de 25 à 30 francs. Enfant suivant âge. Téléphone n° 2. W.-C. dans hôtel. Garage pour autos. Electricité. Adresse télégraphique : « Cassagnolle, Monpazier ». Membre du S. I.

Hôtel de France. — MANIÈRE, propriétaire. Dix chambres à 1 lit. Quatre à 2 lits. De 6 à 8 francs. Repas 10 francs. Pension grande personne depuis 15 à 20 francs. Enfants, 10 à 12 francs. Téléphone n° 6. W.-C. dans hôtel. Garage pour auto. Electricité. Membre du S. I.

MONTIGNAC (altitude 70 m.). — Chef-lieu de canton de 3.017 habitants, sur les deux rives de la Vézère. Station de la ligne Hautefort à Sarlat, à 1 kilomètre. Maisons pittoresques. Imposant château, ancienne baronnie du Périgord. Vieux pont classé.

Hôtel du Soleil d'Or. — BURG, propriétaire. Treize chambres à 1 lit, quatre à 2 lits. De 10 à 28 francs. Electricité. Salle de bain. W.-C. dans l'hôtel. Chauffage central et eau courante. Repas, 13 francs. Pension, 30 francs. Garage pour autos. Téléph. n° 17. Service de voiture pour la gare. Autos de location à l'hôtel. Membre du S. I.

Hôtel-Restaurant Ladevie. — LADEVIE, propriétaire. Quatre chambres à 1 lit. Deux à 2 lits. De 5 à 10 francs. Electricité. W. C. dans hôtel. Repas 11 francs. Pension de 16 à 25 francs. Enfant de 12 à 18 francs.

Hôtel Tourny. — CHAMBON, propriétaire. Deux chambres à 1 lit. Une à 2 lits. Electricité. W. C. dans hôtel. De 8 à 10 fr. Repas 12 francs. Pension 22 francs. Enfant 15 francs. Garage pour autos.

Restaurant Modelpech. — Huit chambres à 1 lit. 6 francs. Electricité. W. C. dans hôtel. Repas 10 à 12 francs. Pension 16 francs. Garage pour autos.

MONTPON-SUR-L'ISLE (altitude 30 m.). — Jolie localité de 2.454 habitants. Station du chemin de fer P.-O. de Périgueux à Bordeaux. Autobus Montpon-Sainte-Foy ; Montpon-Vélines-Mussidan ; Montpon-Ribérac. A 4 kilomètres, *la Chartreuse de Vauclaire*, fondée au XIV° siècle par les comtes de Périgord.

Hôtel du Puits-d'Or. — Camille GAILLARD, propriétaire. Treize chambres à 1 lit. Cinq à 2 lits. Electricité. Chauffage central. De 8 à 15 francs. W.-C. dans l'hôtel. Repas de 11 à 15 fr. Pension, 30 francs. Garage pour autos. Téléphone n° 7.

LE MOUSTIER (altitude 60 m.). — Petit village de 237 habitants, près de la Vézère. Célèbre par sa station préhistorique qui a donné son nom à une époque paléolithique. Eglise romane. Station des Eyzies, sur la ligne de Périgueux-Agen, à 10 kilomètres. Autobus : Les Eyzies-Rouffignac.

Hôtel-Restaurant Lesvignes. — P. LESVIGNES, propriétaire. Six chambres à 1 lit. Deux à 2 lits. De 8 à 12 francs. W.-C. dans hôtel. Repas de 10 à 15 francs. Pension de 20 à 25 francs. Enfant de 12 à 15 francs. Garage pour autos. Téléphone n° 1. Le Moustier. Membre du S. I.

Restaurant des Touristes. — A. ROUX, propriétaire. Deux chambres à 1 lit. Trois à 2 lits. De 10 à 12 francs. Repas 12 francs. Pension 25 francs. Enfant 15 francs. Garage pour autos. Cabine téléphonique. Membre du S. I.

MAREUIL-SUR-BELLE (altitude 160 m.). — Chef-lieu de canton de 1.209 habitants. Station du chemin de fer P.-O., Mareuil-Gouts, à 3 kilomètres sur ligne de Ribérac à Angoulême. Voitures à tous les trains. Services automobiles sur Nontron,

Brantôme, Ribérac. Château des xiv⁰ et xv⁰ siècles encore
entouré de fossés. Eglise des xv⁰ et xvi⁰ siècles qui possède
encore une coupole du xii⁰. Patrie du troubadour Arnault
de Mareuil.

Hôtel du Château. — Louis LACROZE, propriétaire. Six chambres. Prix 6 francs. W. C. dans l'hôtel. Repas 10 francs. Pension 18 francs. Enfant 15 francs. Garage pour autos.

Hôtel Saint-Marc. — DUCLAUD, propriétaire. Sept chambres
à 1 lit. Prix 6 francs. Deux à 2 lits. Prix 10 francs. Repas
10 francs, v. c. Garage pour autos.

Nouvel Hôtel. — M. BRAJOT, propriétaire. Huit chambres
à 1 lit. Prix 7 francs. Deux chambres à 2 lits. Prix 12 francs.
Repas 10 et 12 francs. Garage pour autos.

MUSSIDAN (altitude 54 m.). — Chef-lieu de canton de 2.305
habitants. Station sur les lignes de Périgueux à Bordeaux et
de Ribérac à Bergerac, à 1 kilomètre. Autobus : Mussidan-St-
Géraud-de-Corps-Vélines. Traversé par l'Isle. Petite ville agréa-
ble. Statue du général Beaupuy, par Rivet.

Hôtel des Voyageurs. — ANDANSER, propriétaire. Douze chambres à 1 lit. Trois à 2 lits. Electricité. Chauffage central. Salle de
bain. W.-C. dans l'hôtel. Garage pour autos. Téléphone n° 12.

Hôtel de France. — Vve Charles STEINER, propriétaire. Huit
chambres à 1 lit. Deux à 2 lits. Electricité. W.-C. dans l'hôtel.
De 8 à 10 francs. Repas 12 francs. Garage pour autos. Adresse
télégraphique : « Steiner, Mussidan ». Téléphone n° 41. Membre
du S. I.

Hôtel-Restaurant de la Gare. — Mlle Y. LAFFOREST, propriétaire. Huit chambres à 1 lit. Deux à 2 lits. Electricité. De 8
à 10 francs. W. C. dans l'hôtel. Repas 10 francs. Pension
26 francs. Enfant 15 francs. Garage pour autos. Adresse télégraphique : « Lafforest, Hôtel Gare ».

NEUVIC-SUR-L'ISLE (altitude 55 m.). — 2.037 habitants. Chef-
lieu de canton, sur l'Isle, à 2 kilomètres de la gare (Station
de la ligne Périgueux à Bordeaux), à 200 mètres de la route
nat. n° 89. Beau château Renaissance.

Hôtel de France. — OLIVIER, propriétaire. Dix chambres à 1 lit.
8 à 10 francs. Repas 12 francs. Pension grande personne 30 fr.,
enfant 25 francs. Electricité. Garage pour auto. Autobus à tous
les trains. Membre du S. I.

NONTRON (altitude 208 m.). — Sous-préfecture de 3.112 habitants (Synd. d'Init.). Petite ville bâtie sur une colline et
d'où l'on découvre un très beau panorama. Station de la ligne
d'Angoulême à Thiviers, chemin de fer P. O. Autobus pour
Mareuil, Piégut. Industrie importante de coutellerie.

Hôtel de France. — VALLAGEAS, propriétaire. Dix chambres à
1 lit, deux à 2 lits. De 12 à 25 francs. Electricité, chauffage cen-

tral. W.-C. dans l'hôtel. Repas, 15 francs. Pension, 34 francs. Garage pour autos. Téléph. n° 25. Membre du S. I.

Grand Hôtel. — Marcel BELLIER, propriétaire. Huit chambres à 1 lit, sept à 2 lits. Electricité, chauffage central. De 12 à 25 francs. W.-C. dans l'hôtel. Repas 15 francs. Pension, 38 francs, enfants, 28 francs. Garage pour autos. Adresse télégr. « Grand Hôtel, Nontron ». Téléph. n° 1. Membre du S. I.

Hôtel Boussarie, rue du 11-Novembre. — P. BOUSSARIE, propriétaire. Quatre chambres à 1 lit, une à 2 lits. Electricité. W.-C. dans l'hôtel. Garage pour autos. Prix, 6 à 10 francs. Repas, 7 à 12 francs, vin compris. Pension, 18, 25 et 30 francs. Enfants, 10 à 15 francs. Adresse télégr. « Hôtel Boussarie, Nontron ». Membre du S. I.

PAYZAC (altitude 334 m.). — Commune importante de 2.536 habitants, sur une colline dominant l'Auvézère. Station de la ligne des chemins de fer départementaux de Périgueux à Saint-Yrieix, à 700 m. Autobus Thiviers à Payzac. Dolmen.

Grand Hôtel Terminus. — PÉLISSON, propriétaire. Onze chambres à 1 lit, une à 2 lits. 10 à 15 francs. Electricité. W.-C. dans l'hôtel. Garage pour autos.

PERIGUEUX (altitude à la mairie 105 m.). — Chef-lieu de département de 33.389 habitants, sur l'Isle. Station du ch. de fer P.-O. de Paris à Agen, de Bordeaux à Lyon, à Brive, de Périgueux à Parcoul. Chem. de fer départementaux de Périgueux à Saint-Yrieix, à Brantôme et Saint-Pardoux, à Bergerac. Autobus pour Bergerac, pour Hautefort et pour Manzac-Villamblard-Issac. *Le mercredi,* autobus Villeréal-Beaumont-Le Buisson-Sainte-Alvère-Périgueux ; Larochebeaucourt-Mareuil-Brantôme-Périgueux ; Thiviers-Saint-Pierre-de-Côle-Brantôme-Périgueux. Traversé par les routes nat. n° 89, de Bordeaux à Lyon, n° 21, de Paris à Barèges, n° 139, de Périgueux à La Rochelle. Ancienne cité gauloise des Pétrocores, ancienne Vésuna des Romains, a conservé de ces époques des monuments remarquables : Tour de Vésone, Arènes, mur gallo-romain ; du Moyen Age, la célèbre basilique byzantine de Saint-Front, avec son merveilleux clocher, le château Barrière, l'église de la Cité ; de la Renaissance, de nombreuses maisons remarquables.

Hôtel des Postes et du Commerce. — H. BERNAL, propriétaire. Quarante chambres à 1 lit, dix à 2 lits. Electricité, chauffage central, eau courante. Salle de bain. W.-C. dans l'hôtel. Repas, 18 francs. Garage pour autos. Téléphone n° 33. Membre du S. I.

Hôtel de France. — LAMARQUE et BARINCOU, propriétaires. Trente-quatre chambres à 1 lit, six à 2 lits. De 12 à 70 francs. Electricité, chauffage central, eau courante. Salle de bain. W.-C. dans l'hôtel. Repas, 16 francs. S. B. Garage pour autos. Téléph. n° 17. Membre du S. I.

Hôtel des Messageries. — Siméon, propriétaire. Vingt-cinq chambres à 1 lit, onze à 2 lits. Prix 14 francs. Electricité, chauffage central, eau courante. Salle de bain. W.-C. dans l'hôtel. Repas à la carte. Téléph. n° 136. Garage pour autos. Membre du S. I.

Hôtel du Périgord. — M. Roques, propriétaire. Vingt-deux chambres à 1 lit, trois chambres à 2 lits. 60 francs (ces dernières avec salle de bain). Chambres à partir de 15 francs. Electricité. Chauffage central. Eau courante. Salle de bain. W.-C. dans l'hôtel. Repas 14 et 15 francs. S. B. Garage pour autos. Adresse télégr. « Roques Hôtel ». Téléph. n° 67. Membre du S. I.

Régina Hôtel. — Grataing, propriétaire. Quarante chambres à 1 lit, huit à 2 lits. De 12 à 60 francs. Electricité, chauffage central, eau courante, chaude et froide. Salle de bain. W.-C. dans l'hôtel. Repas 12 francs. Garage pour autos. Adresse télégr. « Régina Périgueux ». Tél. n° 309. Membre du S. I.

Hôtel de Bourgogne (aux Quatre-Chemins). — Dubois, propriétaire. Seize chambres à 1 lit, deux à 2 lits, de 12 à 25 fr. Electricité, chauffage central, eau courante. Salle de bain. W.-C. dans l'hôtel. Repas, 12 francs. Pension grande personne, 35 fr. ; enfants suivant âge. Garage pour autos. Téléph. n° 165. Membre du S. I.

Hôtel de l'Europe. — Raby, propriétaire. Quinze chambres à 1 lit, sept à 2 lits. De 10 à 15 francs. Electricité, W.-C. dans l'hôtel. Repas 12 francs. Pension grande personne 25 francs, enfants suivant âge. Garage pour autos. Adresse télégr. « Hôtel Europe ». Téléph. n° 448.

Hôtel de Toulouse. — Bouyssalet, propriétaire. Dix chambres à 1 lit, huit à 2 lits. De 10 à 12 francs. Electricité, eau courante. W. C. dans hôtel. Repas 12 francs. Pension grande personne 14 fr., enfants 8 francs. Garage pour autos.

Hôtel de la Boule d'Or. — Déjean, propriétaire. Quinze chambres, de 12 à 20 francs. Electricité. Chauffage central. Eau courante. W.-C. dans l'hôtel. Repas, 12 francs. Pension, 32 francs. Enfants, suivant âge.

Hôtel-Restaurant de l'Univers. — M. Monceyron, propriétaire. Neuf chambres à 1 lit, une à 2 lits. De 10 à 15 fr. Electricité. W.-C. dans l'hôtel. Repas : 12 fr., vin compris. Pension : 30 fr. Téléphone 4-79. Membre du S. I.

Hostellerie de la Tour Mataguerre. — Treize chambres à 1 lit, une à 2 lits. Electricité. 5 fr. W.-C. dans l'hôtel. Garage pour autos.

Restaurant du Lancier Polonais. — Mme Bonnet, propriétaire. Trois chambres. Electricité. 10 fr. W.-C. dans l'hôtel. Repas, 12 fr. (V. C.). Pension 30 francs.

Restaurant Vigier, 7, place du Coderc. — Bouton, propriétaire. Repas, 10 francs, et service à la carte.

Restaurant des Boulevards, rue Eguillerie, 2. — M. Bosc, propriétaire. Dix chambres à 1 lit. Électricité. De 8 à 12 francs. W.-C. dans l'hôtel. Repas 12 francs. Pension 18 à 3o francs, enfants suivant l'âge. Adresse télégr. « Restaurant Bosc ».

PLAZAC (altitude 65 m.). — Commune de 8oo hab. sur la ligne d'autobus de la Gélie à Montignac. A 15 kil. de la gare de la Gélie, st. de la ligne du P.-O. de Périgueux au Buisson. A 4 kil. 9 du Moustier, station préhistorique, et à 6 k. 9 de Rouffignac.

Hôtel Moulinard. — Mme Moulinard, propriétaire. Trois chambres à 1 lit, une à 2 lits. Prix, 6 à 10 francs. W.-C. dans l'hôtel. Repas 10 à 15 fr. Pension à partir de 20 fr. Garage pour autos. Adresse télégr. : « Moulinard, Plazac ». Membre du S. I.

PIEGUT-PLUVIERS. — Commune importante de 1.7o6 habitants, sur la ligne des chemins de fer départementaux de Saint-Pardoux à Saint-Mathieu (Haute-Vienne). Beau donjon cylindrique du XIIe siècle. Ruines intéressantes, beau panorama. Services automobiles sur Nontron, Varaigne et Javerlhac.

Hôtel du Minage. — Pierre Métreau, propriétaire. Sept chambres à 1 lit, deux à 2 lits. Eau courante fr. Salle de bain. W. C. dans l'hôtel. Prix 7 à 15 francs. Repas 12 francs. Pension 3o francs, enfants suivant l'âge. Garage pour autos (rabais pour pensionnaires de plus d'une semaine).

RIBERAC (altitude 7o m.). — Petite ville de 3.688 habitants, non loin de la Dronne. Station de la ligne P. O. d'Angoulême à Mussidan et de Périgueux. Autobus Montpon-Ribérac et Mareuil-Ribérac. Quelques jolis édifices modernes. Gare à 1.5oo mètres. Voitures.

Hôtel de France. — Antonin Sempé, propriétaire. Neuf chambres à 1 lit, trois à 2 lits. Électricité, chauffage central. Eau courante. 12 à 35 francs. Salle de bain. W.-C. dans l'hôtel. Repas, 14 francs. S. B. Garage pour autos. Adresse télégr. « France Hôtel, Ribérac ». Téléph. n° 61. Membre du S. I.

Hôtel du Périgord et des Voyageurs. — Émile Barbreau, propriétaire. Neuf chambres à 1 lit, une à 2 lits. Électricité. De 12 à 20 fr. W.-C. dans l'hôtel. Repas : 15 fr. Adresse télégr. « Hôtel Barbreau ». Pension, 45 francs, enfants, 4o francs. Garage. Membre du S. I.

LA ROCHE-CHALAIS (altitude 1o8 m.). — Jolie petite ville de 1.231 habitants, dominant la vallée de la Dronne. Splendide panorama, s'étendant sur la Charente, la Charente-Inférieure, la Gironde et la Dordogne. Nœud de nombreuses routes. Station de Saint-Aigulin-La Roche-Chalais, sur la ligne de Paris à Bordeaux (P.-O.), à 2 kilomètres. Service de voitures.

Hôtel du Soleil d'Or. — DANIAU, propriétaire. Cinq chambres à 1 lit, une à 2 lits. Electricité. Prix de 6 à 10 francs. W. C. dans l'hôtel. Repas 12 francs. Pension 25 francs, enfants 15 francs. Garage pour autos. Adresse télégr. « Daniau, La Roche-Chalais ».

Hôtel du Commerce. — QUIERS, propriétaire. Trois chambres à 1 lit, deux à 2 lits. Electricité. Prix de 8 à 10 francs. W. C. dans l'hôtel. Repas 10 francs. Pension 25 francs, enfants 15 francs. Garage pour autos. Adresse télégr. « Quiers, La Roche-Chalais ».

Hôtel des Sports. — FERRACHAT, propriétaire. Une chambre à 1 lit, une à 2 lits. Electricité. W. C. dans l'hôtel. Repas 12 francs. Pension 25 francs, enfants 15 francs. Adresse télégr. « Ferrachat, La Roche-Chalais ».

ROUFFIGNAC (altitude 280 m.). — Sur la route de Périgueux au Moustier. 1.800 habitants. Belle église Renaissance. A quelques kilomètres, ruines du château de l'Herm, où s'est passé un épisode raconté par Eugène Le Roy dans « Jacquou le Croquant ». Station du chemin de fer P.-O. de La Gélie, sur la ligne de Périgueux à Agen. 9 kil. Autobus de la gare de La Gélie à Montignac.

Hôtel Brachet. — L. BRACHET, propriétaire. 7 chambres à 1 lit, 1 à 2 lits, de 10 à 15 francs. W.-C. dans l'hôtel. Garage pour autos. Adresse télégr. « Brachet, Rouffignac ». Téléph. n° 8. Repas, 12 et 15 francs. Pension, 30 fr., enfants, 20 francs. Membre du S. I.

LA ROQUE-GAGEAC (altitude 62 m.). — Sur la Dordogne. Arrêt de l'autobus de Vézac à Domme. Desservi par arrêt de Laroque des chemins de fer départementaux, ligne de Sarlat à Villefranche-du-Périgord. Autobus Domme-Vézac. Village très pittoresque de 439 habitants, dont les maisons sont adossées et creusées dans un rocher de 80 mètres de haut. Site très pittoresque. Ch. de la Malertrie.

Hôtel de la Belle-Etoile. — BEYNEL Mélanie, propriétaire. Douze chambres à 1 lit, trois à 2 lits. De 10 à 15 francs. Repas 12 et 15 francs. Pension 30 à 35 francs, enfants 15 à 20 francs. W.-C. dans l'yôtel. Adresse télégr. et téléph., cabine dans même maison. Autobus à tous les trains à Vézac. Garage pour autos. Membre du S. I.

SAINT-AGNAN (altitude 160 m.). — Sect. de la commune d'Hautefort. Autobus Périgueux à Hautefort.

SAINT-ALVERE (altitude 150 m.). — Chef-lieu de canton de 1.070 habitants, sur la route de Bergerac à la Robertie. Stations Le Bugue, chemin de fer P. O., ligne d'Agen à Périgueux, 15 kilomètres, Autobus, et le Buisson, même lign., autobus Le Bugue-Saint-Alvère-Bergerac ; Le Buisson-Limeuil-

Saint-Alvère-Cendrieux-Vergt ; *le mercredi*, Le Buisson-Saint-Alvère-Cendrieux-Périgueux. Imposantes ruines du château féodal des Lostanges-Saint-Alvère. Belle église.

Hôtel de la Boule d'Or. — L. DANIER, propriétaire. Neuf chambres à 1 lit, trois à 2 lits. Electricité. De 12 à 18 francs. W. C. dans l'hôtel. Repas 12 francs. Pension 35 francs, enfants de 10 à 15 francs. Garage pour autos.

SAINT-ASTIER (altitude 73 m.). — Chef-lieu de canton de 3.053 habitants, sur l'Isle, à 1 kil. 500 de la R. N. n° 89, de Périgueux à Bordeaux. Station de chemin de fer P.-O., ligne de Périgueux à Bordeaux. Restes d'une église des XI et XII s., dominée par une tour du XVIe s. Importante industrie de chaux et ciment.

Hôtel-pension du Château Labatut, installé dans un château du XVIe s., 30 hect. entourés par la rivière l'Isle. Pêche, chasse, canotage, à 800 m. de la gare. Mme Berthe BÉRENGER, propriétaire. 5 chambre à 1 lit, 3 à 2 lits, de 15 à 25 francs. Electricité, chauffage central, eau courante, W.-C. dans l'hôtel. Salle de bain. Garage pour autos. Repas 18 francs. Pension à partir de 35 francs. Enfants, 20 francs. Membre du S. I.

SAINT-CYPRIEN (altitude 150 m.). — Chef-lieu de canton de 2.048 habitants. Bâti en amphithéâtre au-dessus de la plaine de la Dordogne. Station de la ligne de Bergerac à Sarlat. à 600 mètres. Belle église (mon. hist.).

Hôtel de la Poste. — L. JANOT, propriétaire. Douze chambres à 1 lit, quatre à 2 lits. Electricité. De 12 à 20 francs. W.-C. dans hôtel. Repas, 14 francs, vin compris. Pension, 28 francs, enfants, 20 francs. Garage pour autos. Adresse télégr. « Janot Hôtel ».

SAINT-LEON-SUR-VEZERE (altitude 55 m.). — 538 habitants. Dans un site charmant, au bord de la Vézère. Ch. de *Clérant* du XVe siècle. Gare la plus proche Montignac (ligne d'Hautefort à Sarlat), 10 kil., autre gare La Gélie (ligne de Périgueux à Agen), 25 kil. Autobus La Gélie-Montignac.

Restaurant de la Poste. — Vve DELRIEUX, propriétaire. Cinq chambres à 1 lit, trois à 2 lits. De 5 à 8 francs. Repas 10 fr. Pension 20 francs. W. C. dans hôtel. Téléph., bureau tél. dans même maison.

SAINT-SAUD. — Petite ville de 2.365 habitants, près de la Dronne. Station d'autobus de Jumilhac à Saint-Pardoux-la-Rivière. Station des chemins de fer départementaux, ligne de Périgueux à Saint-Pardoux.

Hôtel de la Gare. — Joseph LASTÈRE, propriétaire. Deux chambres à 1 lit, deux à 2 lits. Prix 10 francs. Repas 10 francs. Pension grande personne 20 francs, enfants 15 francs. Garage pour autos. Téléphone n° 2.

Hôtel Lestère, place du Champ-de-Foire. — François Lastère, propriétaire. Quatre chambres à 1 lit, une à 2 lits. De 5
à 8 francs. Repas 12 francs. Pension 24 francs, enfants 16 fr.
Garage pour autos.

SARLAT (altitude 136 m.). — Sous-préfecture de 6.633 habitants. Station sur la ligne de Bergerac à Souillac. Chemin de
fer départementaux, ligne du Périgord de Sarlat à Villefranche.
Autobus de Sarlat aux Eyzies. Vieille ville ayant conservé par
ses nombreux monuments, ses vieilles maisons, ses ruelles
étroites, un caractère moyennageux des plus attrayants. Eglise
du xii⁰ siècle. Lanterne des morts. Maison de la Boëtie, Hôt.
de Maleville, de Saint-Aulaire. Curieuses maisons des xiii⁰ et
xv⁰ siècles (Synd. d'Init.).

Hôtel de la Madeleine. — Bordan, propriétaire. Vingt-une
chambres à 1 lit, cinq à 2 lits. De 14 à 35 francs. Electricité, eau
courante. Chauffage central. Salle de bain. W.-C. dans l'hôtel.
Repas 14 francs s. v. Pension de 30 à 35 francs, enfants suivant
âge. Garage pour autos. Téléph. n° 41. Adresse télégr. « Hôtel
Madeleine, Sarlat ». Membre du S.-I.

Touring-Hôtel et des Voyageurs. — M. Lacoste, propriétaire.
Quatorze chambres à 1 lit, quatre à 2 lits. De 12 à 35 francs.
Electricité, chauffage central. Eau courante chaude et froide.
Repas 12 francs sans vin. Pension, 32 francs ; enfants, 20 francs.
Garage pour autos. Téléph. n° 10. Adresse télégr. « Hôtel des
Voyageurs, Sarlat ». Membre du S. I.

Hôtel du Lion d'Or. — Fr. Lajat, propriétaire. Sept chambres
à 1 lit, une à 2 lits. De 12 à 15 francs. Electricité. W.-C. dans
hôtel. Repas 13 francs. Pension, 28 francs ; enfants, 15 francs.
Garage pour autos. Adr. télégr. « Lajat, Sarlat ». Téléph. n° 83.
Membre du S. I.

SAVIGNAC-LEDRIER (altitude 282 m.). — Petite localité de
1.502 habitants, admirablement située sur les bords de l'Auvezère, dont les gorges sont si jolies à visiter. Vieux châteaux,
vieille forge et hauts fournaux. Station de la ligne des chemins de fer départementaux à 4 kilomètres (aux 4 routes de
Bord). Station du chemin de fer P.-O. à Cherveix-Tourtoirac,
à 25 kilomètres. Autobus de Cherveix-Savignac-Lédrier.

Hôtels Bordas et Gauthier. — Chacun deux chambres à 1 lit,
prix modérés. Electricité. Eau courante froide. W.-C. dans l'hôtel. Repas 10 et 12 fr. Membres du S. I.

SERGEAC (altitude 60 m.). — Village de 229 habitants. Sur la
Vézère. Eglise du xi⁰ siècle ayant appartenue aux Templiers.
Station de Montignac, ligne d'Hautefort à Sarlat, 8 kilomè-
tres. Autobus 1 kil. Station de la ligne de Thonac-Montignac-
La Gélie.

Restaurant du Progrès. — Cl. Chantelouve, propriétaire. Trois chambres à 1 lit, deux à 2 lits. De 5 à 10 francs. Garage pour autos. Repas 9 francs.

SIORAC-EN-PERIGORD (altitude 120 m.). — Petite localité de 850 habitants. Située non loin de la Dordogne. Station sur la ligne de Périgueux à Agen.

Hôtel des Voyageurs. — Baudin et Brassier, propriétaires. Quatre chambres à 1 lit, une chambre à 2 lits. Electricité. De 10 à 12 francs. W. C. dans l'hôtel. Repas 12 francs. Pension 25 francs, enfants 15 francs. Garage pour autos. Téléph., cabine à 10 mètres de l'hôtel.

THENON (altitude 250 m.). — Chef-lieu de canton de 1.410 habitants. Sur la ligne du P. O. de Périgueux à Brive. Station à 3 kilomètres. Service de voitures.

Hôtel des Voyageurs. — Viroulaud, propriétaire. Sept chambres à 1 lit, une à 2 lits. De 10 à 12 francs. Repas 12 francs. Electricité. Pension suivant service. Téléphone n° 6. Adresse télégraphique : « Viroulaud-Thenon ». Membre du S. I. Garage autos. Location d'autos.

TERRASSON (altitude 100 m.). — Chef-lieu de canton de 3.546 habitants. Sur la Vézère. Station de la ligne de Périgueux à Brive (Synd. d'Init.). Petite ville bâtie en amphithéâtre. Eglise du XV° siècle. Vieux pont classé.

Hôtel de la Pomme d'Or. — Vve Domme, propriétaire. Cinq chambres à 1 lit, trois à 2 lits. Electricité. De 12 à 30 fr. W.-C. dans l'hôtel. Repas 14 francs. V. C. Pension, 30 francs, enfants suivant l'âge. Garage pour autos. Adresse télégr. « Pomme d'Or, Terrasson ». Téléphone n° 49. Membre du S. I.

Hôtel du Périgord. — M. Money, propriétaire. Trois chambres à 1 lit, quatre à 2 lits. Electricité. De 5 à 10 francs. Repas 6 à 12 francs. Pension de 16 à 25 francs, enfants de 6 à 10 fr. Garage pour autos.

Grand Hôtel des Messageries. — E. Dussol, propriétaire. Neuf chambres à 1 lit, trois à 2 lits. Electricité. De 10 à 25 fr. W. C. dans l'hôtel. Repas 12 à 20 francs. Pension de 25 à 35 francs, enfants de 10 à 25 francs. Adresse télégr. « Hôtel Messageries ». Téléph. n° 50. Garage pour autos.

Hôtel du Coq Gaulois. — M. Maestri Burgado, propriétaire. Cinq chambres, de 5 à 10 fr. W.-C. dans l'hôtel. Repas à partir de 10 fr. Pension par grande personne, 20 et 25 fr. ; enfants, 10 et 15 fr. Garage pour autos.

THIVIERS (altitude 273 m.). — Chef-lieu de canton de 3.200 habitants. Station de la ligne Limoges à Périgueux, Thiviers à Brive, Thiviers à Angoulême, sur le P.-O. Thiviers-Saint-

Yrieix, sur la Compagnie de chemins de fer départementaux.
Autobus sur Brantôme, Lanouaille, Payzac et Saint-Cyr-les-Champagnes.

Hôtel des Voyageurs, en face la gare. — Charles MOLINIÉ-ARNAUD, propriétaire. Quatorze chambres à 1 lit, trois à 2 lits. Chauffage central, eau courante. Salle de bain. W.-C. dans l'hôtel De 10 à 20 francs. Repas 12 francs, vin n. c. Pension, 35 fr. Garage pour autos. Adres. télégr. « Hôtel Voyageurs ». Téléph. n° 10. Membre du S. I.

Hôtel Terminus et Buffet du Chapon fin, en face la gare. — MOULINIER, propriétaire. Treize chambres à 1 lit, deux à 2 lits. Electricité, chauffage central, eau courante. Salle de bain. W. C. dans l'hôtel. Prix 8 francs. Repas 12 francs. Garage pour autos. Adresse télégr. « Moulinier, Thiviers ». Téléph. n° 8.

TOCANE-SAINT-APRE (altitude 90 m.). — Près de la Dronne. Station de la ligne du P. O. Commune de 1.575 habitants. Jolie petite ville. Eglise romane moderne reconstruite sur l'ancien plan. Sur les hauteurs, donjon de Vernode XIIᵉ siècle.

Central-Hôtel. — EYMERY-MAROY, propriétaire. Six chambres à 1 lit, deux à 2 lits. Electricité, eau courante. Prix 8 fr. W.-C. dans l'hôtel. Repas 12 francs. Téléphone n° 3. Garage pour autos.

TOURTOIRAC (altitude 145 m.). — Petite ville de 1.076 habitants, sur l'Auvezère ; sur la ligne d'autobus de Périgueux à Hautefort ; à 7 kil. 7 d'Hautefort. Station de Cherveix-Tourtoirac, à 3 kil. 600, sur la ligne du P.-O. de Thiviers à Brive. Restes d'une abbaye bénédictine du XIᵉ siècle. Restes de fortifications.

Hôtel Guilhem. — GUILHEM, propriétaire. Cinq chambres à 1 lit. Prix de 8 à 12 francs. Electricité. W.-C. dans l'hôtel. Repas, de 12 à 15 francs. Pension, de 25 à 30 francs. Membre du S. I.

TURSAC (altitude 58 m.). — Petit bourg de 376 habitants. Près de la Vézère. Station des Eyzies, ligne de Périgueux à Agen, à 6 kilomètres. Eglise romane. Promenades sur la Vézère, au milieu des sites pittoresques.

Hôtel des Voyageurs et Touristes. — Mᵐᵉ Vve LAFON, propriétaire. Cinq chambres à 1 lit, une à 2 lits. Prix de 6 à 8 francs. Repas 12 francs. Pension 24 francs, enfants 12 francs.

VITRAC (altitude 126 m.). — Bourg de 627 habitants, sur la Dordogne. Station des chemins de fer départementaux, ligne à 7 kilomètres des gares de Sarlat ou de Carsac (P.-O.). Carsac à 2 kilomètres. Station de la ligne d'autobus Domme, La Roque-Gageac et Vézac. Grottes de Griffoulet et ruines de la forteresse de Montestiva. En face ch. et église monolithe de Caudom. A 2 kilomètres, *ch. de Montfort*, sur un rocher au-dessus de la Dordogne.

Hostellerie de Plaisance. — R. TAVERNE, propriétaire. Onze chambres à 1 lit ; trois chambres à 2 lits. De 10 à 20 fr. W.-C. dans l'hôtel. Eau courante. Repas, 14 fr., vin compris. Pension, de 30 à 35 francs ; hors saison, 28 à 30 francs. Téléph. public dans les dépendances de l'hôtel. Membre du S. I. Parc et terrasses ombragés.

Hôtel Burg. — R. BURG, propriétaire. Treize chambres à 1 lit, deux à 2 lits. Electricité. W.-C. dans l'hôtel. Chambres de 8 à 15 fr. Repas, 14 fr., vin et café nature compris. Pension, 28 fr., enfant suivant âge. Garage pour autos. Adr. télégr. « Burg, Vitrac ». Téléph. Cabine Vitrac. Membre S. I.

Aux Hôteliers et Aubergistes

MM. les Hôteliers et Aubergistes sont invités à nous transmettre leurs corrections et rectifications.

— Aux Touristes —

Les Touristes sont priés de nous transmettre leurs remarques et suggestions.

Aux Hôteliers et Aubergistes

MM. les Hôteliers et Aubergistes, sont invités à nous transmettre leurs corrections et rectifications.

Aux Touristes

Les Touristes sont priés de nous transmettre leurs remarques et suggestions.

HAUTE-VIENNE

AIXE-SUR-VIENNE. — 3.177 habitants. Sur la Vienne où se jettent l'Aixette et l'Aurence. Belle situation. Intéressante Eglise-Chapelle d'Arliquet, célèbre pèlerinage. Gare P. O. Tramways. Autobus.

Hôtel des Charentes. — M. Burguet (Henri), propriétaire. Dix chambres, dont huit à 1 lit et deux à 2 lits. Electricité. Chauffage central, eau courante. Prix minimum 12 fr. ; maximum 20 fr. W. C. dans l'hôtel. Garage. Téléph. 19. Prix du repas vin compris 15 fr. Pension par grande personne 28 fr., par enfant 12 fr.

AMBAZAC. — 3.243 habitants. Célèbre châsse en émail, en cuivre doré et émaillé. Gare 600 mètres.

Hôtel de France. — Mme Baptiste Médard, propriétaire. 4 chambres : 3 à 1 lit et 1 à 2 lits. Electricité. Prix des chambres : 8 à 10 fr. Prix du repas : 10 fr. Pension par grande personne : 20 fr. par jour ; pension par enfant : 14 à 16 fr. Membre du S. I.

ARNAC-LA-POSTE. — 1.858 habitants. Tumulus, dolmen, retranchements anciens. Eglise xii° et xiii° siècles, peinture murale, reliquaire émail.

Gare chemin de fer P. O., à 11 kilomètres. Gare tramways départementaux, à 800 mètres.

Hôtel du Centre. — Philippon, propriétaire. Neuf chambres. Electricité. Six à 1 lit, trois à 2 lits. Prix minimum 6 francs ; maximum 10 fr. Garage. Adresse télégr. Philippon, hôtel. Prix du repas, table d'hôte 10 et 12 fr. café compris. Pension par personne 26 fr. (prix spécial pour séjour et famille), par enfant 15 fr. jusqu'à 12 ans. Service d'autobus Le Dorat-La Souterraine. Membre du S. I.

BELLAC. — 3.361 habitants. Sur le penchant d'une colline, au pied de laquelle coule le Vincou. Eglise à deux nefs. Belles promenades. Gare P. O., à 800 mètres. Tramways départe-

Hôtel de la Pyramide. — M. Merle (Léon), propriétaire. Quatorze chambres, dont dix à 1 lit et quatre à 2 lits. Electricité. Prix minimum 9 à 12 fr. ; maximum à 2 lits 20 à 25 fr. W. C. dans l'hôtel. Garage. N° du téléph. 22. Prix du repas 12 fr. v. n. c. Pension par grande personne 30 fr. petit déjeuner compris ; par enfant 24 fr.

Hôtel Terminus. — M. VIGNAUD (Gustave), propriétaire. Six chambres, quatre à 1 lit et deux à 2 lits. Électricité. Prix de 6 à 12 fr. et de 15 à 20 fr. pour les chambres à 2 lits. Garage. Adresse télégraphique : Vignaud, Bellac. Prix du repas, 12 fr. vin compris. Pension par grande personne, 28 fr., petit déjeuner compris. 22 fr. par enfant. Autobus Poitiers-Limoges, La Souterraine-Bellac-Saint-Junien.

Hôtel Central. — M. DUMALANÈDE (Emile), propriétaire. Quatorze chambres, onze à 1 lit, trois à 2 lits. Électricité. Prix des chambres, de 9 à 12 fr. pour les chambres à 1 lit et de 20 à 25 francs pour celles à 2 lits. W. C. dans l'hôtel. Numéro du téléphone : 34. Prix du repas, vin non compris, 12 fr. Prix de la pension, 30 fr. par grande personne, 24 fr. par enfant. Autocars Poitiers-Limoges, arrêt à l'Hôtel Central. La Souteraine-Bussière-Boffy-Saint-Junien-Bellac ; Bellac-Le Dorat (tous ces autobus ont leur arrêt à la maison Hôtel Central. Membre du Essi.

BUJALEUF. — 1.574 habitants. Jolie localité près de la Maulde et de la Vienne. Gare à 6 kilomètres. Service d'autobus.

Hôtel des Touristes. — M. Pierre DEVARS, propriétaire. Vingt deux chambres. Électricité, chauffage central, eau courante. Prix minimum 8 fr. W. C. dans l'hôtel. Garage. Adresse télégr. Hôtel des Touristes. Téléph. n° 1. Prix du repas : 10 fr. Pension par grande personne : 22 fr. ; par enfant : 12 fr. Membre du S. I.

CHATEAUNEUF-LA-FORET. — Jolie petite localité baignée par un cours d'eau poissonneux, dans un pays boisé. Retranchement antique, dit Camp de César.

Hôtel Mathieu. — M. MAZAURIER (Marcel), propriétaire. Dix chambres : 7 à 1 lit ; 3 à 2 lits. Prix minimum : 6 fr. ; maximum : 12 fr. Électricité, salle de bains. Téléphone n° 5. Prix du repas : 10 fr. et 12 fr. avec café. Pension pour grande personne : 25 fr., chambre comprise. Service d'autobus : de Châteauneuf à Saint-Germain — à Limoges — à Peyrat — à Chamberet. Chemins de fer départementaux. Location auto à l'hôtel.

CHATEAUPONSAC. — 3.556 habitants. Admirablement situé dans la vallée de la Gartempe. Eglise, monument historique des XIIe et XIIIe siècles. Gare à 50 mètres.

Hôtel du Commerce. — M. BOUTINAUD, propriétaire. Dix chambres, sept à 1 lit ; trois à 2 lits. Prix des chambres : de 7 à 16 fr. Electricité. Garage. Téléphone n° 1. Prix du repas : 11 francs, arrangements selon séjour. Tramways départementaux.

Hôtel de la Gare. — LEFORT, propriétaire. Huit chambres. Sept chambres à 1 lit, une à deux lits. Electricité. Prix minimum 5 fr. ; maximum 8 fr. Garage. Adresse télégr. Lefort-Hôtel, Châteauponsac. Tél. n° 4. Prix du repas 10 fr. Pension par grande personne 22 fr., par enfant 11 fr. Automobile de louage. Tramways départementaux.

Hôtel Jouanny-Doirat. — Mme DOIRAT, propriétaire. **Trois** chambres. Garage. Adresse télégr. Hôtel Doirat. Prix du repas 8 et 10 fr. 6 fr. par repas pour séjour.

EYMOUTIERS. — 5.634 habitants. Belle situation sur la Vienne. Très pittoresque. Beaux sites. Eglise romane. Gare P. O. Tramways départementaux. Autobus.

Hôtel du Nord. — Mme Vve COUÉGNAS-CHÉROUX, propriétaire. Vingt chambres. Dix-sept à 1 lit, trois à 2 lits. Electricité. Prix minimum 6 fr. ; maximum 12 fr. Salle de bain. W. C. dans l'hôtel. Garage. Adresse télégr. Hôtel du Nord. N° du téléph. 33. Prix du repas 11 et 12 fr. Pension par grande personne 25 à 30 francs. Services d'autobus dans les directions de Nedde, Faux-la-Montagne, Beaumont, Bourganeuf, Domps, Chamberet, Sainte-Anne, Limoges. Membre du Essi.

Hôtel-Café de la Poste. — M. PÉNICAUD (Henri), propriétaire. Dix-sept chambres, douze à 1 lit et cinq à 2 lits. Electricité. Prix, de 8 à 16 francs. W. C. dans l'hôtel. Adresse télégraphique : Pénicaud-hôtel. Numéro du téléphone : 30. L'hôtel fait la location des voitures-automobiles. Service d'autobus dans les directions de Limoges, Nedde, Beaumont, Royère-Bourganeuf-Chamberet.

Hôtel du Lion d'Or. — M. BABET (Jean-Louis), propriétaire. Electricité, eau courante. Vingt-cinq chambres : vingt à 1 lit ; cinq à 2 lits. Prix des chambres : de 8 à 12 fr. W. C. dans l'hôtel. Garage. Téléphone n° 19. Prix du repas : 10 fr. Prix de la pension par jour : 25 fr. Services d'autobus.

Hôtel Pintou. — M. Jean GILLET, propriétaire. Electricité, chauffage électrique, eau courante. Nombre de chambres à 1 lit : 30 ; à 2 lits : 8. Prix des chambres : de 10 à 25 fr. Salle de bains. W. C. dans l'hôtel. Garage. Numéro du téléphone : 6. Prix du repas : 12 fr. Pension par jour : 28 à 30 fr. Deux lignes d'autobus desservent la Creuse par Royère, Beaumont, Bourganeuf, Nedde, Faux-la-Montagne et Felletin ; une troisième ligne dessert la Corrèze par Domps, Chamberet.

LA JONCHERE. — Jolie localité au pied des Monts du Limousin. A proximité, pèlerinage célèbre à Sauvagnac. Ascension du Puy de Sauvagnac.

Hôtel de la Gare. — M. Raoul FRANÇOIS, propriétaire. Onze chambres : cinq à 1 lit ; six à 2 lits. Prix des chambres : de 8 à 15 fr. Electricité. Garage. Téléphone n° 1. Prix du repas : 12 fr. Pension par grande personne : 25 fr. par jour ; par enfant : 18 fr. Une voiture Renault fait les voyages de l'hôtel et un service d'autobus La Jonchère-Bourganeuf. Membre du S. I.

LAURIERE. — 1.272 habitants. A 40 kilomètres de Limoges. Dans l'église, vieux reliquaire provenant de l'abbaye de Grandmont.

Hôtel de la Poste. — M. BARBAUD (Arsène), propriétaire. Quatre chambres ; trois à 1 lit et une à 2 lits. Prix : de 8 à 10 fr. Electricité. Garage. Prix du repas : 10 fr. Pension par grande personne 20 à 25 francs.

LA MEYZE.

Hôtel et Buffet de La Meyze. — Mme Vve BEAUDOU (Pierre), propriétaire. Quatre chambres. Prix, 8 fr. Garage. Adresse télégraphique : Hôtel-gare La Meyze. Prix du repas, 10 fr. Prix de la pension par jour, 25 fr. ; par enfant, 15 fr. Desservi par le chemin de fer Limoges-Brive, par Saint-Yrieix-la-Perche. Membre du Essi.

LE DORAT. — 2.526 habitants. Fort belle église, autrefois collégiale. Style roman limousin. Curieuse porte et autres restes de rempart, à 500 mètres de la gare. Service de voiture. Quatre lignes d'autobus.

Hôtel de France. — BONNEAU (Gaston), propriétaire. Douze chambres. Sept à 1 lit, cinq à 2 lits. Prix minimum 10 fr. ; maximum 22 fr. W. C. chasse d'eau. Garage. Adresse télégr. non compris. Prix de la pension : 35 fr. et 39 fr. par jour. Service d'autobus : Le Dorat à La Souterraine ; Le Dorat à Bussière-Poitevine ; Le Dorat à Bellac. Service d'omnibus de l'hôtel à la gare à tous les trains. Membre du Essi.

Hôtel de Bordeaux. — Mlle Louise POMMIER, propriétaire. Omnibus à la gare. Treize chambres. Huit à 1 lit, cinq à 2 lits. Electricité. Prix minimum 8 fr. ; maximum 20 fr. Garage. Adresse télégr. Hôtel Bordeaux. N° téléph. 24. Prix du repas 12 à 13 francs. Arrangement pour séjour.

Hôtel du Commerce. — A 200 mètres de la gare. Mme Jeanne DEMARTY, propriétaire. Huit chambres, dont une à 1 lit et sept à 2 lits. Prix minimum 5 fr. ; maximum 7 fr. à 1 lit, 12 fr. à 2 lits. Garage. Adresse télégr. Demarty, Le Dorat. Prix du repas 10 fr. et 12 fr. avec café-liqueur. par petites tables. Pension par grande personne 18 à 20 fr., par enfant au-dessous de 7 ons 10 fr. Membre du S. I.

LIMOGES. — 100.000 habitants. Bâtie en amphithéâtre sur une colline qui domine la Vienne. Belles églises. Monuments intéressants. Musées. Jardins publics. Porcelaine. Chaussures. Emaux.

Central-Hôtel-Restaurant (Place Jourdan). — SOCIÉTÉ DES ETABLISSEMENTS MARAIS, propriétaire, à 500 mètres de la gare. Voiture automobile. Cinquante chambres, de 25 à 90 fr. Salles de bain. Garage. Adresse télégr. Central-Hôtel. Téléph. 1-73. Prix 40 francs. Membre du Essi.

Hôtel de la Paix (Place Jourdan). — Propriétaire, M. DELMOND. Cent chambres. Electricité, chauffage central. Eau courante. Prix minimum : 18 francs ; maximum : 90 francs. Salles bain. Garage. Adresse télégr. : Hôtel-Paix-Limoges ; téléph. n° 1-67. Prix du repas (s. v.) 18 francs et à la carte. Service d'autos. Membre du Essi.

Hôtel Jeanne d'Arc (Av. de la Gare). — Mme Vve NAQUIN, propriétaire. Quarante chambres, dont trente-quatre à 1 lit et six à 2 lits. Electricité. Chauffage central. Eau courante. Prix minimum 10 fr. ; maximum 30 fr. Salle de bain. Garage. Téléphone 10-29. Prix du repas 12 fr. (vin n. c.) Membre du Essi.

Hôtel Vialle (33, rue François-Chénieux). — LASGRÉZAS (Henri), propriétaire. Quarante chambres, dont trente à 1 lit et dix à deux lits. Electricité. Chauffage central. Eau courante et tout confort. Salle de bain. Prix minimum 12 fr. ; maximum 20 fr. Garage. Adresse télégr. Hôtel Vialle, Limoges. Téléphone 1-14. Prix du repas 12 francs (v. n. c.) Membre du Essi.

Hôtel Moderne (Bd Victor-Hugo). — MARTINAUD (Henri), propriétaire. Soixante-dix chambres, dont soixante à 1 lit et dix à 2 lits. Electricité. Chauffage central. Prix minimum 12 fr. ; maximum 25 fr. Garage. Adresse télégr. Hôtel Moderne. Téléph. 0-85. Prix du repas 10 fr. (v. n. c.). Pension pour grande personne 32 fr. par jour (v. n. c.). Membre du Essi.

Hôtel-Restaurant de l'Europe (Place Wilson). — M. MOREAU (Henri), propriétaire. Quinze chambres, quatorze à 1 lit ; deux à 2 lits. Prix des chambres : de 9 à 25 fr. Electricité. Chauffage central. Garage. Numéro de téléphone : 31. Prix des repas : 9 fr., vin compris. Prix de la pension par jour : 27 fr. Membre du Essi.

Hôtel-Restaurant des Beaux-Arts (7, Place du Champ-de-Foire). — M. TIFA (Jean), propriétaire. Trente chambres ; vingt à 1 lit ; dix à 2 lits. Prix minimum 8 fr. ; maximum 25 fr. Electricité. Chauffage central. Salle de bains. Numéro de téléphone : 23-33. Pension par grande personne : 28 fr. ; par enfant : 16 fr. Prix du repas : 10 francs, vin et café compris. Membre du Essi.

Hôtel et Restaurant d'Orléans et du Lion d'Or Réunis (11, Cours Jourdan). — M. SALESSE, propriétaire. Quarante chambres, trente à 1 lit et dix à 2 lits. Prix des chambres : minimum, 10 fr. Electricité. Numéro du téléphone : 9-71. Prix du repas 10 francs. Pension par grande personne : 28 fr. ; par enfant : 18 fr. Membre du Essi.

Restaurant « Aux Agriculteurs » (3, Place du Champ-de-Foire). — M. MAILLARD (Eugène), propriétaire. Prix du repas : 9 fr. ou à la carte. Prix de la pension par jour : 16 fr. Membre du S. I.

Hôtel de Toulouse. — Louis LOIGEL, propriétaire. Six chambres, dont cinq à 1 lit et une à 2 lits. Electricité. Prix minimum 10 fr. ; maximum 12 fr. Garage. Adresse télégr. Hôtel Toulouse. Téléph. 19-13. Prix du repas 10 fr. vin compris. Pension par grande personne 26 fr., par enfant 20 fr.

Hôtel de la Nouvelle-Gare. — M. MANDON, propriétaire. Trois chambres, électricité. Prix des chambres : 8 francs. Pension par grande personne : 18 fr. ; par enfant : 14 fr. Membre du S. I.

LUSSAC-LES-EGLISES.

Hôtel du Nord. — M. BRUNETAUD (Achille), propriétaire. Deux chambres. Huit à 1 lit, deux à 2 lits. Electricité. Prix de 8 à 20 fr. Garage. Repas 10 fr. v. n. c. Arrangement pour séjour. Autobus du Dorat à Saint-Sulpice-les-Feuilles ; de La Souterraine à Bussière-Boffy. Membre du Essi.

MAGNAC-LAVAL. — 3.090 habitants. Gare à 800 mètres. Service de voiture.

Hôtel du Lion d'Or. — M. E. BEGASSAT, propriétaire. Dix chambres. Huit à 1 lit, deux à 2 lits. Electricité. Prix minimum 8 fr. Garage. Repas 10 fr. v. n. c. Pension par grande personne depuis 16 fr. Autobus du Dorat à Saint-Sulpice-les-Feuilles ; de La Souterraine à Bussière-Boffy.

NEDDE. — 1.546 habitants. Rivière. Belle situation, altitude. Intéressantes promenades au pied du plateau de Millevaches. Gare d'Eymoutiers. Service d'autobus.

Hôtel des Voyageurs. — M. THÈTE, propriétaire. Neuf chambres, dont huit à 1 lit, une à 2 lits. Electricité. Eau courante. Prix minimum 7 fr. W. C. dans l'hôtel. Garage. Adresse tél. Thète, Nedde. Téléph. 1. Prix du repas 10 fr. Pension par grande personne 20 à 22 fr., par enfant 6 à 10 fr.

NIEUL. — 899 habitants. Intéressante localité, à 100 mètres de la gare du chemin de fer.

Hôtel Laroudie. — Vve LAROUDIE, propriétaire. Trois chambres. Deux à 1 lit, une à 2 lits. Electricité. Prix minimum 8 fr. ; maximum 10 fr. Garage. Adresse télégr. Vve Laroudie, hôtel. Prix du repas 10 et 12 fr. Pension par grande personne de 18 à 25 fr., par enfant de 10 à 15 fr. suivant l'âge.

Hôtel de la Gare. — M. MALIVERT, propriétaire. Quatre chambres. Deux à 2 lits, deux à 1 lit. Prix de 10 à 16 fr. Electricité. Garage. Numéro du téléphone : 2. Prix du repas 12 francs.

ORADOUR-SUR-VAYRES. — 3.000 habitants.

Hôtel de la Gare, tenu par VERLIAT (Pierre), à Fiateau, près Oradour-sur-Vayres. Gare du P. O. la plus rapprochée Champagnac. Quatre chambres. Eau courante. Quatre à 1 lit. Prix maximum 10 fr. W. C. dans l'hôtel. Adresse télégr. Verliat, Oradour-sur-Vayres. Prix du repas 12 fr. Pension par grande personne 25 fr., par enfant 12 fr.

PIERREBUFFIERE. — 925 habitants. Eglise des XIIe et XIIIe siècles. Statue de Dupuytren. Très pittoresque. Trois rivières. Gare P. O. à 1 kilomètre. Service de voiture.

Hôtel de la Providence. — L.-Jean SARRE, propriétaire. Dix chambres, dont cinq à 1 lit et cinq à 2 lits. Electricité. Prix minimum 12 fr. ; maximum 22 fr. Garage. Prix du repas, 13 fr. vin compris. Pension par grande personne 25 à 30 fr.

Hôtel des Pêcheurs. — BROUSSAUD, propriétaire, à 300 mètres de la gare P. O. Sur les bords de deux rivières. Service d'autobus. Dix chambres, dont cinq à 1 lit et cinq à 2 lits. Electricité. Minimum, 10 francs ; Maximum, 2 lits, 20 francs. Garage. Prix du repas : de 10 à 12 francs, vin compris. Pension par grande personne de 22 à 25 francs, par enfant, 12 à 14 francs, suivant l'âge. Membre du Essi.

Hôtel du Commerce. — M. BASTIER (Pierre), propriétaire. Quatre chambres. Deux à 2 lits, deux à 1 lit. Electricité. Prix minimum des chambres 10 fr. maximum 15 fr. Garage. Prix du repas 10 à 15 francs.

RANCON. — 1.567 habitants. Vieille église. Lanterne des morts dans le cimetière, à 200 mètres de la gare. Service d'autobus.

Hôtel Roux-Pasquet. — M. Cyprien PASQUET, propriétaire. Trois chambres. Electricité. Garage. Prix du repas 10 fr. Pension par grande personne 19 fr., par enfant 10 fr.

RAZES. — 422 habitants. Tumulus. Pierre branlante à Lavaud. Eglise xii° et xiii° siècles. Joliment située. Chemins de fer départementaux, à 1.500 mètres de la gare. Autobus de La Souterraine-Limoges.

Hôtel Coureyraud. — Sur la Couze. — Trois chambres, 4 lits. Electricité. Prix des chambres, 8 à 17 francs. Repas, de 10 à 15 fr. Pension, 25 à 30 fr.

Hôtel Gazin-Touraille. — Cinq chambres. Trois à 1 lit, deux à 2 lits. Electricité. Prix des chambres, minimum 8 à 10 fr. Garage. Prix des repas 12, 15 et 20 fr. Pension par grande personne 20 et 25 fr. Téléphone 4 à Razès (à côté).

SAINT-AUVENT. — 1.532 habitants. Eglise du xiii° siècle. Site pittoresque. Etang, belles rivières. Gare du P. O., à 3 kilomètres. Service d'autobus Limoges-Maisonnais, par Cognac-le-Froid.

Hôtel Duval. — Trois chambres. Prix minimum 6 fr. ; maximum, 8 fr. Prix du repas, 10 à 12 fr. Pension de 20 à 25 fr. Par enfant, 12 fr. Membre du Essi.

SAINT-JUNIEN. — 10.048 habitants. Seconde ville du département. Sur la Vienne. Fabriques de gants, de papier, de mégisserie. Remarquable église. Vieux pont. Antique chapelle, à 500 mètres de la gare. Service de voiture.

Hôtel du Commerce. — DESSAGNE-MALABRE, propriétaire. Quinze chambres. douze à 1 lit, trois à 2 lits. Electricité. Garage. Téléphone n° 7. Prix du repas 12 fr. avec boisson. Pension par grande personne : 28 à 3o fr. par jour, chambre comprise, **sans** petit déjeuner. Services d'autobus : 1° de Saint-Junien au Dorat, par Bellac ; 2° de Saint-Junien à Confolens par Brigueil. Membre du Essi.

SAINT-LEONARD-DE-NOBLAT. — 5.615 habitants. Jolie ville. Vallée de la Vienne. Eglise remarquable. Gare P. O. à 1 kilomètre. Autobus.

Hôtel du Midi. — M. Germonty, propriétaire. Vingt-cinq chambres. Vingt et une à 1 lit, quatre à 2 lits. Electricité, chauffage central, eau courante. Prix minimum 12 fr. ; maximum, 18 francs. Salle de bain. W. C. dans l'hôtel. Garage. Adresse télégr. Hôtel du Midi. Tél. 56. Prix du repas 12 fr. Pension par grande personne 3o francs ; par enfant : variable. Services d'autos : de Saint-Léonard à Bourganeuf, à Peyrat-le-Château et Limoges. Membre du S. I.

SAINT-PAUL-D'EYJAUX. — Jolie localité.

Hôtel Demaison. — A 5oo mètres de la gare des tramways départementaux. Jean-Baptiste Demaison, propriétaire. Sept chambres, dont trois à 1 lit, quatre à 2 lits. Electricité. Prix minimum 7 fr. ; maximum 10 fr. Garage. Adresse télégr. Hôtel Demaison. Téléph. n° 10. Prix du repas 10 fr. Pension par grande personne 20 fr., par enfant 12 fr.

SAINT-PRIEST TAURION. — Jolie petite localité.

Hôtel des Touristes. — Mlles Alaluquétas, propriétaires. Treize chambres : onze à 1 lit et deux à 2 lits. Prix de 10 à 20 fr. Electricité. W. C. dans l'hôtel. Numéro de téléphone : 14. Prix du repas, 15 fr. Pension par jour, 35 fr. pour grande personne et pour les enfants suivant l'âge. Service d'autobus de Limoges à Bénévent. Membre du S. I.

SAINT-SULPICE-LAURIERE. — 1.959 habitants. aGre P. O. de bifurcation. Bois des Echelles. Jolies promenades. Beaux points de vues.

Hôtel des Voyageurs. — Mme Vve Pouzergues, propriétaire. Douze chambres. Six à 1 lit, six à 2 lits. Electricité. Prix minimum 8 fr. ; maximum 10 fr. W. C. dans l'hôtel. Garage. Téléph. n° 9. Prix des repas 12 fr. Pension par grande personne de 20 à 25 francs. Autobus de Saint-Léger, de Bessines, Folles. Arrangements pour familles, suivant séjour. Membre du S. I.

Hôtel-Restaurant de la Gare. — M. Georges Leniaud. Dix chambres. Huit à 1 lit, deux à 2 lits. Electricité. Prix minimum 6 fr.; maximum 8 fr. Garage. Prix du repas 10 fr. Pension par grande personne 25 fr. Services d'autobus : de Bourganeuf, par Châtelus, Saint-Sulpice-Laurière, Saint-Léger-la-Montagne par Razès ; Bessines par Laurière, et La Souterraine par Folles. Service automobile pour toutes destinations des environs.

SAINT-SULPICE-LES-FEUILLES. — Chef-lieu de canton. 1.886 habitants. Fêtes patronales : le premier dimanche de février (Saint-Blaise) et le premier dimanche de juillet (Saint-Sulpice). Eglise ogivale moderne. Deux reliquaires xıv^e siècle ornés fines ciselures, provenant de Grandmont.

Hôtel des Voyageurs. — M. AUPETIT (Gilbert). Dix chambres. Neuf à 1 lit, une à 2 lits. Electricité. Prix des chambres 8 à 15 fr. W. C. dans l'hôtel. Garage. Prix du repas 11 fr. (vin compris). Pension par grande personne 26 fr. par jour ; par enfant 20 fr. Autobus : La Souterraine-Le Dorat. Membre du S. I.

SEREILHAC. — 1.895 habitants. Jolie localité, à 6 km. d'Aixe.

Hôtel des Voyageurs. — Mme Vve AUZEMERY, propriétaire. Deux chambres Electricité. Numéro du téléphone : 6. Prix du repas 10 francs (vin compris). Ne prend pas de pensionnaires. Une voiture Renault est à la disposition des touristes.

THOURON-GARE, par Peyrilhac. — 498 habitants, jolie campagne. Eglise du x111^e siècle. Chemin de fer.

Hôtel de la Gare. — M. THARAUD, propriétaire. Dix chambres, quatre à 1 lit et six à 2 lits, de 8 à 12 fr. W.C. dans l'hôtel. Garage. Prix du repas : 12 fr. vin compris. Prix de la pension, 32 fr. par jour, 185 fr par semaine ; enfants au-dessous de 7 ans : 12 fr. ; autos pour excursions à proximité. Membre du Essi.

LA CROUZILLE, par Saint-Sylvestre.

Hôtel des Voyageurs. — M. CARDEUR, propriétaire. Trois chambres. Deux à 1 lit, une à 2 lits. Garage pour autos. Prix des repas : suivant consommation. Membre du Essi.

Hôtel du Lac. — M. JOUHANNAUD, propriétaire. Huit chambres à 1 lit. Electricité. Prix des chambres, de 8 à 15 fr. W. C. dans l'Hôtel. Prix du repas : 10 fr., vin non compris. Pension, 22 à 25 fr. Tramway gare. Téléphone n° 1, à La Crouzille.

SAINT-YRIEIX-LA-PERCHE. — 7.296 habitants. Chef-lieu d'arrondissement. Eglise collégiale, édifice remarquable. Chemin de fer P. O. Tramway de Saint-Yrieix à Périgueux.

Hôtel de la Gare. — M. Louis MERCIER, propriétaire. Quatorze chambres, douze à 1 lit et deux à 2 lits. De 10 à 25 fr. Electricité. Salle de bain. W. C. dans l'hôtel. Téléphone 16. Repas, 12 fr. Pension pour grande personne, 35 fr. ; par enfant, 20 fr. Membre du Essi.

Aux Hôteliers et Aubergistes

MM. les Hôteliers et Aubergistes, sont invités à nous transmettre leurs corrections et rectifications.

— Aux Touristes —

Les Touristes sont priés de nous transmettre leurs remarques et suggestions.

LOT

ALVIGNAC. — 6oo habitants, à 3 kilomètres de la gare de Rocamadour. Service d'auto-cars. Circuits en auto-car du P. O. Station thermale en plein essor, dans un joli cadre de verdure. Les eaux de Miers sont sulfatées, sodiques, elles sont efficaces dans les traitements de l'obésité, de l'entérite, de la constipation, de l'appendicite chronique. Vers la gare : gouffre du Révillon où disparaît un cours d'eau. A dix kilomètres environ, le célèbre gouffre de Padirac ; à 19 kilomètres, la jolie grotte de Presque.

Hôtel de la Source. — Gare Rocamadour, 4 kilomètres. Service d'auto-car. CANAC, propriétaire. Electricité, chauffage central, eau courante. Nombre de chambres : cinquante à 1 lit ; trente-deux à 2 lits. rPix des chambres : minimum 18 francs ; maximum 70 francs. Salles de bain. W. C. dans l'hôtel. Garage. Adresse télégr. : Hôtel Source, Alvignac. Téléph. n° 1. Prix du repas 18 francs. Prix de pension par jour : par grande personne 45 francs, par enfant depuis 25 francs. Adhérent au S. I. Service d'auto-cars Rocamadour-Padirac.

Hôtel Carbois et du Château. — Gare Rocamadour, 3 kilomètres. CARBOIS Achille, propriétaire. Electricité. Nombre de chambres : trente à 1 lit ; dix à 2 lits. Prix des chambres : minimum 12 francs ; maximum 20 francs. W. C. dans l'hôtel. Garage. Adresse télégr. : Carbois, Alvignac. Prix du repas 12 francs. Prix de la pension par jour, par grande personne 32 fr.; par enfant 15 francs. Adhérent au S. I. Service d'auto-cars : Norre et Parée et autobus du P. O.

Hôtel Branche-Lescure. — Gare Rocamadour, 3 kilomètres. Service autobus. Mᵐᵉ Vve LESCURE Albert, propriétaire. Electricité. Chambres : soixante-cinq à 1 lit ; vingt-cinq à 2 lits. Prix des chambres : minimum 9 francs ; maximum 20 francs. Salles de bain et W. C. dans l'hôtel. Garage. Adresse télégr. : Lescure, à Alvignac. Téléph. n° 3. Prix du repas 13 francs. Prix de la pension par jour, par grande personne à partir de 30 francs. Localité desservie par les garages Morre et Paret et garage Fabre.

BRETENOUX. — Chef-lieu de canton. 1.000 habitants. Dans un site charmant au bord de la Cère. Vieille bastide du xivᵉ siècle, fondée par le seigneur G. de Castelnau, qui l'érigea en ville franche en 1378. Station thermale. Eau sulfatée calcique, lithinée, laxative et diurétique. Le pavillon est situé dans l'Ile de la

Bourgnatelle. A 1 kilomètre de la gare de Bretenoux-Biars, reliée par tramway de Bretenoux à Saint-Céré. Visiter à côté : Castelnau, Montal, Grotte de Presque, Gouffre de Padirac, Carennac, Rocamadour.

Hôtel-Restaurant du Grand-Soleil. — Vve AYROLES, propriétaire. Trois chambres, deux à 1 lit, une à 2 lits. Electricité. Repas 10 francs. Prix de la pension par grande personne 30 francs ; enfant, suivant l'âge. Adhérent au S. I.

Hôtel et Café de la Gare, à Bretenoux-Biars. — J. CHEVENET, propriétaire. Electricité. Sept chambres à 1 lit. Prix des chambres : minimum 8 francs ; maximum 15 francs. W. C. dans l'hôtel. Garage. Adresse télégr. : Chevenet, Biars. Téléphone 17. Prix du repas 12 francs. Prix de pension par jour : par grande personne 28 francs ; par enfant, suivant l'âge. Adhérent au S. I.

Hôtel Bussière, à Bretenoux-Biars. — Gaston DUMAS, propriétaire. Electricité. Dix-huit chambres, douze à 1 lit, six à 2 lits. Prix des chambres : minimum 8 francs ; maximum 10 francs. W. C. dans l'hôtel. Garage. Prix du repas 11 francs. Prix de la pension par jour 28 francs ; par enfant, suivant l'âge. Adhérent au S. I.

Hôtel de l'Industrie, à Bretenoux-Biars. — Henri FRÉGEAC, propriétaire. Electricité. Douze chambres, huit à 1 lit, quatre à 2 lits. Prix des chambres : minimum 8 francs ; maximum 10 fr. W. C. dans l'hôtel. Garage. Adresse télégr. : Hôtel Frégeac, Biars. Téléphone n° 9. Prix du repas 11 francs. Prix de la pension par jour : par grande personne 25 francs ; par enfant, 15 francs. Adhérent au S. I.

Hôtel de la Source, Bretenoux. — Gare Bretenoux-Biars 1 km., relié par tramway. Marie AYROLES, propriétaire. Electricité. Onze chambres, dix à 1 lit, une à 2 lits. Prix des chambres : minimum 10 francs. W. C. dans l'hôtel. Garage. Adresse télégraphique : Hôtel Ayroles. Téléphone : 02. Prix du repas 12 francs. Prix de la pension par grande personne 30 fr. (boisson et café compris). Adhérent au S. I.

Restaurant Tournant. — Gare Bretenoux-Biars 1 kilomètre, relié par tramway. TOURNANT, propriétaire. Electricité. Deux chambres à 1 lit. Prix des chambres 10 francs. W. C. dans l'hôtel. Prix du repas 10 francs. Pension par jour par grande personne 20 francs. Adhérent au S. I.

CABRERETS. — 509 habitants. Gare Conduché, à 4 kilomètres. Autobus. A côté de ce pittoresque village, dans les flancs du Pech Merle, on a découvert une magnifique grotte offrant sur sa paroi des dessins de l'époque préhistorique encore bien conservés, après 15 à 20 mille ans. La grotte est aménagée et peut être visitée.

Restaurant Milhau-Théron. — Gare Conduché, 4 kilomètres. Autobus. Hôtel des Grottes. Jean THÉRON, propriétaire. Electricité. Jardin d'été. Bateau de pêche à volonté. Sept chambres, cinq à un lit, deux à 2 lits ; prix des chambres, minimum 7 fr. ; maximum, 16 fr. Adresse télégraphique Hôtel Théron. Prix du repas, 14 fr. (B. C.). Prix de pension par jour : grande personne, 30 fr. ; enfant, 15 à 20 fr. Adhérent au S. I. Service automobile Figeac et Conduché.

CAHORS. — Préfecture du Lot. 14.000 habitants. Ancienne capitale des Cadourques, puis du Quercy. Ville entourée de hautes collines rocheuses, située dans une presqu'île formée par le Lot. Visitez le pont Valentré, le plus beau pont fortifié de France ; Divonna, ou la Fontaine des Chartreux ; la cathédrale Saint-Étienne du XII* siècle et le cloître ; le Palais du Pape Jean XXII (XIV* siècle) ; la Barbacane, etc. Services d'autobus départementaux.

Hôtel de la Gare. — LAROCHE Clovis, Propriétaire. Electricité ; 24 chambres : 21 à un lit ; 3 à deux lits ; prix des chambres : minimum 12 fr. ; maximum 16 fr. W. C. dans l'hôtel. Garage. Adr. tél. : Hôtel Gare. Téléphone n° 32. Prix du repas, 12 fr. (B. C.). Prix de la pension par jour, 30 fr. ; fait arrangement pour séjour. Adhérent au S. I.

Hôtel des Ambassadeurs. — Gare Cahors, 1.500 mètres, voiture automobile de l'hôtel. SOULILLET Philippe, directeur et propriétaire. Trente-huit chambres avec électricité, chauffage central et eau courante. Vingt-huit chambres à 1 lit, dix chambres à 2 lits. Prix d'une chambre : minimum 18 francs ; maximum 100 francs (avec salle de bain et deux lits dans la chambre). Salles de bain et W. C. dans l'hôtel, deux par étage. Garage. Adresse tél. : Ambassadeurs, Cahors. Téléph. n° 9. Prix du repas, 18 francs (b. n. c.) Pension : prix par jour, par grande personne, minimum 60 francs (b. n. c.). 50 % enfants au-dessous de 7 ans. Automobile de place à volonté. Membre adhérent du S. I.

Hôtel de la Croix-Blanche. — Gare Cahors, à 800 mètres. Voiture. E. VINCENT, Propriétaire. Electricité. Vingt-deux chambres : dix-sept à 1 lit, cinq à 2 lits. Prix des chambres : minimum 12 fr. ; maximum, 25 fr. Electricité, chauffage central, eau courante, chaude et froide, salle de bain, W. C. dans l'hôtel. Garage. Téléphone 0-96. Prix du repas, 10 fr. ; prix de la pension pour grande personne, 30 francs ; par enfant, suivant l'âge.

Hôtel de la Croix-Blanche. — Gare Cahors, à 800 mètres. Voiture. E. VINCENT, Propriétaire. Electricité. Vingt chambres : douze à 1 lit ; huit à 2 lits. Prix des chambres : minimum 8 fr. ; maximum 16 fr. Electricité, salle de bain, W.-C. dans l'hôtel. Garage. Téléphone 0-96. Prix du repas, 10 fr. ; prix de la pension pour grande personne, 25 fr. ; par enfant, suivant l'âge.

Terminus Hôtel. — Gare de Cahors, à 400 m. Autobus à la tral, eau courante. Trente-huit chambres : vingt-huit à 1 lit, dix à 2 lits. Prix des chambres : minimum 15 francs ; maxi-

du repas 15 francs, vin non compris. Prix de la pension par jour, par grande personne 42 francs ; enfant, 20 % de réduction. Adhérent du S. I.

CAJARC. — 1.260 habitants. Gare du P. O. Autrefois ville assez importante et fortifiée. Joli site. Pêche sur le Lot.

Hôtel et Café des Voyageurs. — 300 mètres de la gare. Vve GAZEAU, propriétaire. Electricité, eau courante. Chambres : quatorze à 1 lit, une à 2 lits. Prix des chambres : minimum, 10 fr. ; maximum 15 fr. W.-C. dans l'hôtel. Garage. Adresse télégr. : Gazeau, Cajarc. Electricité. Téléph. n° 4. Prix du repas, 12 fr. Prix de la pension par jour, par grande personne, 30 francs ; par enfant, 15 francs. Adhérent au S. I. Autobus Figeac-Limogne.

Hôtel Moderne. — Gare à 100 mètres. CALMETTE Marc, propriétaire. Eau courante. Chambres : quinze, douze à 1 lit, trois à 2 lits. Prix des chambres : minimum 10 francs ; maximum 25 francs. Salle de bain et W. C. dans l'hôtel. Garage. Adresse télégr. : Hôtel Calmette. Téléph. n° 11. Prix du repas 12 fr. (B. C.). Prix de la pension par jour, par grande personne 25 à 45 francs, par enfant : suivant l'âge. Adhérent au S. I.

CARENNAC. — 596 habitants. Ancien prieuré-doyenné habité par Fénelon. Belle église du xiii° siècle avec tympan richement sculpté ; mise au tombeau du xvi° siècle ; restes d'un beau cloître ogival. Pêche sur la Dordogne. Gare Betaille, à 4 kilomètres.

Hôtel Boudie. — Gare Bétaille (arrêt), 4 kilomètres. Voiture. BOUDIE Florent, propriétaire. Electricité. Dix chambres : quatre à 1 lit, six à 2 lits. Prix des chambres, 8 francs. W.-C. dans l'hôtel. Garage. Adresse télégr. : Bondie, Carennac. Téléph. n° 1. Prix du repas, 12 francs. Prix de la pension par jour, par grande personne, 32 fr. ; par enfant, 18 fr. Adhérent au S. I.

Hôtel des Touristes. — Gare Bétaille (arrêt), 4 kilomètres. LACROIX Jacques, propriétaire. Electricité. Chambres : cinq à 1 lit, huit à 2 lits. Prix des chambres : minimum 6 francs ; maximum 15 francs. Garage. Adresse télégr. : Lacroix Hôtel, Carennac. Prix du repas 12 francs. Prix de la pension par jour, par grande personne 30 francs, enfant selon l'âge. Adhérent au S. I.

CAPDENAC (Aveyron). — 5.200 habitants. Jolie petite ville située dans la grande plaine qui s'étend sur la rive gauche du Lot à sa sortie du département de l'Aveyron. Importante bifurcation de chemins de fer sur Paris, Toulouse, Cahors, Arvant et Rodez. Centre d'excursions à proximité des beaux sites du Lot, de l'Aveyron et du Cantal.

Tire son nom de Capdenac-le-Haut, village sur un escarpement qui domine la rive droite du Lot, d'où la vue s'étend au loin sur la riche vallée. On y trouve la maison de Sully, la fontaine de César, le donjon, ancienne prison d'Etat, et des fortifications datant des XIVe, XVe et XVIe siècles.

CAPDENAC-GARE (Aveyron).

Buffet de la Gare. — CARAYON-LACOURT, propriétaire. Electricité. Prix du repas, 12 fr. 50 (B. C.). Adhérent au S. I.

Hôtel Moderne. — A 50 m. de la gare. LAVERGNE Cyprien, propriétaire (chambres seulement). Electricité, chauffage central. Chambres : dix-sept, quinze à 1 lit et deux à 2 lits. W.-C. dans l'hôtel. Garage. Adr. tél. Hôtel Moderne Capdenac. Prix du repas, 12 fr. 50.

Grand Hôtel des Voyageurs et Terminus. — HAON Pierre, propriétaire. Electricité, chauffage central, eau courante. Quarante-deux chambres : trente-huit à 1 lit ; quatre à 2 lits. Prix des chambres : minimum 10 fr. ; maximum 30 fr. 3 salles de bain. W.-C. à tous les étages. Garage. Adr. tél. : Haon, Capdenac. Téléph. 28. Repas, 14 fr (B. C.). Prix de pension par jour, par grande personne, 32 fr. et 36 fr. ; par enfant, 20 fr. Adhérent au S. I.

Hôtel Lacroix. — A 150 m. de la gare. LACROIX René, propriétaire. Electricité. Dix chambres à 1 lit. Prix des chambres : minimum 9 fr. ; maximum 11 fr. Garage. Adr. Tél. Lacroix, Hôtel, Capdenac. Prix du repas, 12 fr. (B. C.). Prix de la pension, par grande personne, 30 fr. ; par enfant, 18 fr. Adhérent au S. I.

CAPDENAC-LE-HAUT (Lot).

Restaurant Delrieu. — DELRIEU Paulin, propriétaire. Restaurateur seulement. Prix du repas, 12 fr. (B. C.). Adhérent au S. I.

A la Renommée du Poisson frais. — A 500 m. de la gare. LURFAU, propriétaire. Electricité. Trois chambres : deux à 1 lit ; une à deux lits. Prix des chambres, 8 fr. Garage. Prix du repas, 11 fr. (B. C.) ; prix de la pension pour grande personne, 20 fr. Enfant, suivant l'âge. Adhérent au S. I.

A la Renommée de la Friture. — A 500 m. de la gare. PISSOURAILLE Henri, propriétaire. Restaurateur seulement. Prix du repas, 12 fr. (B. C.). Adhérent au S. I. Prix de la pension, grande personne 22 fr. ; enfant 15 fr.

CARLUCET. — Commune du canton de Gramat. A visiter par le touriste désireux de goûter la monotonie du Causse nu et désertique. habitants. Gare de Gramat, à 12 kilomètres.

Hôtel du Midi. — MEYSEN Hilarion, propriétaire. Service d'autobus de Cahors et de Saint-Céré. Eau courante. Nombre de chambres, quatre : trois à 1 lit ; une à 2 lits. Prix des chambres : minimum 8 francs ; maximum 10 francs. Garage. Prix des repas, 12 francs, vin compris. Prix de la pension par jour, par grande personne 25 francs, tout compris. Par enfant selon l'âge. L'autobus départemental allant à Cahors passe à 6 h. 3o le matin ; celui allant à Saint-Céré passe à 19 heures.

CASTELNAU-MONTRATIER. — Chef-lieu de canton. 2.183 habitants. Gare Lalbenque, 17 kilomètres. Voiture.

Hôtel de France. — Gare, 17 kilomètres. Voitures : GARRIGUES Alfred, propriétaire. Sept chambres : cinq à 1 lit, deux à 2 lits : W.-C. dans l'hôtel. Garage. Adresse télégraphique : Garrigues, Castelnau. Prix du repas, 10, 12 et 15 francs. Prix de pension par jour, par grande personne, 15 fr. ; par enfant, 11 fr. Adhérent au S. I.

CAZALS (Lot). — Chef-lieu de canton. 527 habitants. Gares Gourdon ou Thédirac, 14 et 20 kilomètres. Service d'autobus. Cité essentiellement agricole. Foires importantes bœufs. Truffes. Pays de chasse.

Hôtel Valette. — Gare Gourdon, 21 kilomètres. Autobus. VALETTE, propriétaire. Six chambres : quatre à 1 lit ; deux à 2 lits. Prix des chambres : minimum 8 fr. ; maximum 10 fr. Electricité. Garage. Adresse télégr. : Valette Hôtel, Cazals. Prix des repas 10 et 12 francs. Pas de S. I.

FIGEAC. — Sous-préfecture du Lot. 5.800 habitants. Gare. Ville moyennageuse très pittoresque, sur la rive droite du Célé. Belle église Saint-Sauveur, en partie du XIIe siècle, église Notre-Dame-du-Puy des XIIIe et XVIe siècles. Vieilles maisons. Hôtel de la Monnaie, maison Sully, portail Renaissance. Dans les environs la magnifique vallée du Célé. Relié par services quotidiens d'autobus à Saint-Céré et à Latronquière, Labastide-Murat.

Hôtel Terminus. — Gare (à côté). BOYSSOU Emile, propriétaire. Electricité, chauffage central, eau courante. Vingt-deux chambres : 17 chambres à 1 lit, cinq chambres à 2 lits. Prix des chambres, minimum 12 francs ; maximum 32 francs. W.-C. dans l'hôtel. Salle de bain ; Garage. Adresse télégr. Terminus, Figeac. Téléph. n° 43. Prix du repas 14 francs, vin compris. Prix de la pension par jour, par grande personne, 28 à 35 fr. Enfant, suivant l'âge. Adhérent au S. I.

Hôtel Moderne des Voyageurs. — Gare 800 mètres. DAVID Antonin, propriétaire. Electricité, chauffage central, eau courante. Trente chambres : vingt-six à 1 lit et quatre à 2 lits. Prix des chambres : minimum 12 fr. ; maximum 50 fr. Salles de bain et W. C. dans l'hôtel. Garage. Adresse télégr. David, Hôtel. N° du Téléph. 16. Prix du repas 14 francs. Prix de la pension par jour, par grande personne, 40 et 50 francs. Enfant selon l'âge. Adhérent au Syndicat d'Initiative.

Modern'Hôtel des Carmes. — M. TILLET, propriétaire. 20 chambres. Electricité, eau courante. 16 chambres à 1 lit et 4 à 2 lits. Prix : de 16 à 25 francs. Salle de bains. W.-C. Garage. Adresse télégraphique : Tillet-Hôtel, Figeac. Téléphone n° 79.

Prix du repas : de 12 à 15 francs. Pension par grande personne, de 20 à 3o fr. ; par enfant, de 10 à 20 francs. Adhérent au Essi.

Hôtel de la Croix-Blanche. — M. MALBERT François, propriétaire. 6 chambres. Electricité, 5 à 1 lit et 2 à 1 lit. Prix des chambres : de 8 à 16 francs. W.-C. Garage. Prix du repas : 12 francs. Pension par jour par grande personne : 25 francs ; par enfant : 15 francs. Adhérent au Essi.

GOURDON. — Sous-préfecture du Lot. 5.000 habitants. Gare. De Gourdon, la vue s'étend sur un panorama magnifique très étendu. Sur l'emplacement des anciennes fortifications, se développe la belle promenade des boulevards. Voir les Eglises des Cordeliers (XIIIᵉ siècle) et Saint-Pierre (XIVᵉ-XVᵉ siècles).

Hôtel de l'Ecu de France et de la Providence. — Gare 2 kilomètres. FAJOLLES-DESTRAU, propriétaire. Electricité. Nombre de chambres : dix à 1 lit ; six à 2 lits. Prix des chambres : 9 fr. W. C. dans l'hôtel. Garage. Adresse télégr. « Hôtel Ecu de France ». Téléph. n° 4. Prix du repas 10 francs. Adhérent au S. I.

Terminus Hôtel. — M. JOUCLAS (Léon), propriétaire. 15 chambres, électricité, treize à 1 lit et deux à 2 lits. Prix de 10 à 15 fr. W. C. Garage. Adresse télégraphique : Terminus Hôtel. Numéro du téléphone, 29. Prix du Repas : 12 fr. Prix de la pension par jour, de 3o à 4o fr. Adhère au Syndicat d'Initiative.

Hôtel de la Boule-d'Or. — M. PAUVREHOMME Joseph, propriétaire. Dix chambres, huit à 1 lit et deux à 2 lits. Prix des chambres, de 10 à 12 francs. W. C. Garage. Adresse télégraphique : Hôtel de la Boule d'Or. Prix du repas : 12 fr. Pension par jour, 3o fr. Adhérent au Essi.

Hôtel de la Promenade. — M. COURBET Léon, propriétaire. Six chambres à 1 lit. Electricité. Prix, de 10 à 15 fr. W. C. Garage. Adresse télégraphique : Hôtel Courbès. Prix du repas, 13 francs ; pension par jour : 36 fr. Adhérent au Essi.

Hôtel Belle-Vue. — M. LAGRÈZE (Joseph), propriétaire. Huit chambres, six à 1 lit et deux à 2 lits. Prix, de 8 à 12 fr., électricité. W. C. Garage, adresse télégraphique : Hôtel Belle-Vue. Numéro du téléphone, 3o. Prix du repas, 12 fr. Pension par jour, de 3o à 4o fr. Adhérent au Essi.

Hôtel du Commerce. — M. MOUNIOU (Maurice). Cinq chambres à un lit. Electricité. Prix de 10 à 12 fr. W. C. Garage. Prix du repas, 12 fr. Pension par jour et par grande personne, 3o à 4o fr. Adhérent au Essi.

Hôtel d'Orléans. — Mᵐᵉ Roux, propriétaire. Huit chambres, cinq à 1 lit et 3 à deux lits. Electricité. Prix, de 10 à 15 fr. W. C., garage. Adresse télégraphique : Hôtel d'Orléans. Prix du repas, 12 fr. Pension par jour, par grande personne, 3o à 4o fr. Adhérent au Essi.

LABASTIDE-MURAT. — Chef-lieu de canton. 9o4 habitants. Sur cette petite cité, bâtie sur un point culminant des Causses du Lot, plane le souvenir d'un glorieux soldat, Joachim Murat, roi de Naples, beau-frère de l'Empereur, dont le château s'élève au Sud de la ville. Pays de chasse. Service des autobus départementaux sur Cahors, Saint-Céré, Gourdon et Figeac.

Hôtel de la Boule d'Or. — Gare de Gramat, 22 kilomètres. ANDRIEU Georges, propriétaire. Electricité. Six chambres : trois à 1 lit, trois à 2 lits. Prix des chambres : minimum 8 francs ; maximum 12 francs. W. C. dans l'hôtel. Garage. Adresse tél. : Andrieu, Hôtel. Prix du repas, 12 fr. (B. C.). Prix de la pension par jour, par grande personne, 28 francs. Arrangements pour séjour. Adhérent au S. I.

LACAPELLE-MARIVAL. — Chef-lieu de canton. 872 habitants. Gare du P. O. à Assier, 10 kilomètres. Petite ville du Ségala, ombragée, propre à une cure d'air. Vieux château du XVII° siècle. Reliée à Figeac et Saint-Céré par autobus départementaux.

Hôtel du Commerce. — Gare Assier, 10 kilomètres. Autobus départemental. VANEL Gabriel, propriétaire. Electricité. Chambres : douze à 1 lit. W. C. dans l'hôtel. Garage. Adresse télégr. : Vanel, Lacapelle-Marival. Téléph. n° 4. Prix du repas 12 francs. Prix de la pension par jour, par grande personne 30 francs, enfant 15 francs.

Hôtel Brunet. — Gare Assier, 10 kilomètres. Autobus départemental. PUNIET Abel, propriétaire. Electricité. Dix-sept chambres, quinze à 1 lit, deux à 2 lits. Prix des chambres : minimum 12 fr. ; maximum 15 francs. Garage. Adresse télégr. : Puniet, à Lacapelle-Marival Téléph. n° 3. Prix des repas, 11 fr. Prix de la pension par jour, par grande personne, 20 à 30 francs, enfant, 12 francs. Adhérent au S. I. En juin, ouverte de l'annexe. W. C. et Bain. Relié à la gare du P. O. par autobus de l'hôtel.

LATOUILLE. — Petite localité à 7 kilomètres de Saint-Céré.

Hôtel Cavalié. — Restaurant seulement. M. CAVALIÉ, propriétaire. 15 francs le repas, vin et café compris. Spécialité : friture de truites.

LIVERNON. — Chef-lieu de canton, 581 habitants. Gare d'Assier, 4 kilomètres. Petite localité en plein Causse du Lot ; pays de chasse. Voir la Pierre-Marthine, dolmen remarquable.

Hôtel des Voyageurs. — Gare d'Assier, 4 kilomètres. Autobus. AUGUIÉ, propriétaire. Chambres : deux à 1 lit ; deux à 2 lits. Prix de la chambre 6 francs. W. C. dans l'hôtel. Garage. Tél. n° 4. Prix du repas, 12 francs. Prix de la pension par jour, par grande personne, 24 francs; par enfant, 12 francs. Pas de S. I.

LUZECH. — Chef-lieu de canton, situé dans une boucle du Lot. Ruines gallo-romaines.

Hôtel de la Tour. — M. BALDY, propriétaire. Deux chambres. Prix, 8 à 10 fr. Electricité. Prix du repas, 10 à 12 fr. Pension par grande personne, 15 à 20 fr. Adhérent au Essi.

Restaurant Cavalié. — J.-B. CAVALIÉ, propriétaire. Prix du repas, 12 fr. Pension par jour, 25 fr. Adhérent au Essi de Luzech (Lot).

MARTEL. — Chef-lieu de canton.   habitants. Gare du P. O. La ville aux sept tours, ancien siège d'une sénéchaussée ; possède deux beaux monuments historiques : son hôtel de ville du xive siècle et son église du xve, ainsi que de nombreuses maisons anciennes. A quelques kilomètres, le Cirque de Montvalent, l'une des merveilles du Haut-Quercy.

Nouvel Hôtel et du Cheval Blanc. — Gare du P.-O. à 500 mètres. Victor et Eugène COSTE, propriétaires. Dix chambres : huit à 1 lit; deux à 2 lits. Prix minimum de la chambre, 10 fr. ; maximum, 18 fr. W.-C. dans l'hôtel. Garage. Adr. tél. : Coste, Hôtel, Martel. Numéro du téléphone. 17. Prix du repas, 12 fr. (B. C.), pension par jour, grande personne, 30 fr., enfant, 20 fr. Adhérent au S. I.

Hôtel du Lion d'Or. — A 200 mètres de la gare. Mme Veuve MANIÉ Célina et Fils, propriétaires. Huit chambres : sept à 1 lit, une à deux lits. Prix des chambres : minimum 10 fr. ; maximum 12 fr. W.C. dans l'hôtel. Garage. Adr. Tél. : Manié, Martel. Téléphone n° 16. Prix du repas, 14 fr. (B. C.). Prix de la pension, grande personne, 30 fr. ; enfant, 20 fr. Adhérent au S. I.

PRAYSSAC. — 1.415 habitants. Riante localité sur le Lot. Gare P.-O. Pêche ; région pittoresque ; belles promenades.

Hôtel Moderne. — L. GIROT, propriétaire. Electricité. Garage. Téléphone n° 11. Onze chambres; neuf à 1 lit ; deux à 2 lits, chambre 8 et 16 fr. W. C. dans l'hôtel. Repas, 12 fr. (B. C.). Arrangements pour pension. Pension pour grande personne, 33 francs ; par enfant, suivant l'âge.

Hôtel de la Terrasse. — M. LAMOURE (Louis), propriétaire. Dix chambres, huit à 1 lit, deux à 2 lits. Electricité, eau courante, prix de 10 à 20 fr. W. C. Garage. Numéro du téléphone, 1. Prix du repas : 12 fr. Prix de la pension varie suivant durée du séjour. Adhère au Essi.

PADIRAC. — 196 habitants. Gare de Gramat P.-O. à 10 kilomètres, à proximité du célèbre gouffre de Padirac.

Restaurant du Gouffre. — BIZAT Henri (restaurateur seulement). Electricité. Garage. Repas servis dans le gouffre, 13 et 15 fr. (B. N. C.). Adhérent au S. I. Service d'auto-cars du P.-O. Circuits au départ de Rocamadour. Circuits d'Aurillac et de Vic-sur-Cère. Garage, 40 voitures. Téléphone n° 1.

SAINT-MEDARD-DE-PRESQUE. — 504 habitants. Vieux bourg, vieilles maisons, gare P.-O. Bretenoux-Biars 10 kil. Tramway Saint-Céré (4 kilom.). Cabine téléph. publique. Belle grotte à 1.500 mètres.

Superpresque restaurant. — GINESTE Hippolyte, propriétaire, restaurateur seulement. Electricité. Garage. Cabine téléphonique publique. Prix du repas, 12 fr. (B. C.), servi sous la falaise. Cir-

cuits en auto-cars du P.-O. au départ de Rocamadour. Circuits
d'Aurillac et de Vic-sur-Cère.

PUY-L'EVEQUE. — 1.498 habitants. Coquette cité dans la vallée du Lot. Promenades et excursions dans les environs. Pêche.
Gare P.-O.

Hôtel de France. — LAGAROUSTE, propriétaire. Electricité. Garage. Quatre chambres à 1 lit. Prix des chambres : minimum 8 fr. ;
maximum 10 fr. Adr. tél. : Hôtel de France, Puy-l'Evêque. Prix
du repas, 10 et 12 fr. (B. C.). Prix de la pension par grande personne, 25 fr. ; par enfant, suivant l'âge.

ROCAMADOUR. — 900 habitants, à 4 kil. 500 de la gare de
Rocamadour. Assemblage le plus pittoresque de remparts,
de maisons et de tourelles accrochés aux flancs d'un énorme
rocher, qui s'élève à pic sur la vallée agreste de l'Alzou. Ce
site des plus saisissants est un lieu célèbre de pèlerinage,
dont l'origine remonte au 1ᵉʳ siècle de l'ère chrétienne. Nombre de rois de France et de personnages célèbres y sont venus
implorer la protection de la vierge noire. Encore de nos jours,
les pèlerins y viennent nombreux ; bon nombre d'entre eux
gravissent à genou l'escalier de 219 marches, qui conduisent
aux sanctuaires des XIIᵉ et XIIIᵉ siècles. Voir dans le village
les portes à ogive, les vieilles maisons des XIIIᵉ et XVᵉ siècles ;
l'église Saint-Sauveur, XIIᵉ et XVᵉ siècles ; la chapelle souterraine du XVᵉ siècle, etc., etc. Circuits du P.-O. au départ de
Rocamadour.

Hôtel Sainte-Marie. — Gare Rocamadour, 5 kilomètres. Servi
Electricité. Nombre de chambres, vingt-deux. Prix des chambres : minimum 15 fr. ; maximum 30 francs. Salle de bain et
W. C. dans l'hôtel. Garage. Adresse télégr. : Descomps, Rocamadour. Téléph. n° 7. Prix des repas, 14 fr. (B. N. C.). Prix de la
pension par jour, par grande personne 40 francs. Adhérent au
S. I. Desservi par Société des autobus de Rocamadour et Roca-
madour-autos.

Hôtel du Lion d'Or. — Gare de Rocamadour, 5 kilomètres.
Autobus. GRAVES Antoine, propriétaire. Electricité, eau courante. Nombre de chambres, vingt-cinq : dix-huit à 1 lit ; sept
à 2 lits. Salles de bain et W. C. dans l'hôtel. Garage. Adresse
télégr. : Graves, Rocamadour. Téléph. n° 4. Prix du repas, 14
et 30 francs (B. N. C.). Prix des chambres : minimum 18 francs ;
maximum 60 francs. Prix de la pension par jour, par grande personne, 40 à 60 francs, par enfant 30 francs. Adhérent au S. I.
Service Rocamadour autos.

Beau Site Hôtel et Notre-Dame. — Gare de Rocamadour, 5 kilomètres. Autobus. MENOT Henry, propriétaire. Electricité,
chauffage central, eau courante. Nombre de chambres, qua-
minimum 15 francs ; maximum 80 francs (avec salle de bain
privée). Bain et W. C. à tous étages. Garage avec box. Adresse
télégr. : Menot, Rocamadour. Tél. n° 8. Prix du repas, 13 et

20 francs (B. N. C.). Réduction sur le prix de la pension pour séjour prolongé. Adhérent au S. I. Service Autobus du P. O.

Hôtel Saint-Amadour. — Gare de Rocamadour 5 kilom. Autobus. A. VILLANOVA, propriétaire. Electricité. Dix chambres : quatre à 1 lit ; six à 2 lits. Prix des chambres : minimum 12 fr. à 1 lit ; maximum 20 fr. à deux lits. W.-C. dans l'hôtel. Garage. Adresse télégraphique : Villanova, Rocamadour. Téléph. n° 6. Prix des repas : 13 fr. (B. N. C.). Prix de la pension par grande personne, 30 et 35 fr. ; par enfant, 15 et 20 fr. Adhérent au S. I.

Hôtel-Restaurant du Commerce. — M. LARNAUDIE Léopold, propriétaire. Six chambres : quatre à 1 lit, deux à 2 lits. Electricité. Prix : de 10 à 12 francs. Garage. Prix du repas : 14 francs, vin compris. Pension par grande personne : 30 fr. ; par enfant : 25 francs. Service d'autobus.

Hôtel des Voyageurs. — M. André NIEDERLENDER, propriétaire. Seize chambres, électricité ; douze chambres à 1 lit et quatre à 2 lits. Prix, de 12 à 25 francs. Salle de bains. W. C. Garage. Adresse télégraphique : M. André à Rocamadour. Numéro du téléphone, 12. Prix du repas, 14 fr. vin non compris. Pension, par grande personne, 35 fr. ; par enfant, 20 fr.

Café-Restaurant du Globe. — M. Louis LAMOTHE, propriétaire. 4 chambres. Electricité. Prix : de 15 à 18 francs. W.-C. Pension par grane personne : 25 francs ; par enfant : 20 francs.

Hôtel des Pèlerins. — M. Albert JAMMES, propriétaire. 12 chambres, 6 à 1 lit et 6 à 2 lits. Prix des chambres : de 12 à 20 francs. W.-C. Garage. Téléphone : N° 14. Prix du repas : 13 francs. Pension par grande personne : 32 francs ; par enfant : suivant l'âge. Adhérent au Essi.

Hôtel de France. — M. BALLUT, propriétaire. 12 chambres ; 8 à 1 lit et 4 à 2 lits. Electricité. Prix : de 12 à 20 francs. W.-C. Garage. Téléphone N° 12. Prix du repas 14 francs. Prix de la pension par grande personne : 35 francs ; par enfant : 20 francs. Adhérent au Essi.

SAINT-CERE. — 3.000 habitants. Centre important de tourisme, situé au milieu des nombreuses curiosités du Haut-Quercy. P. T. T. relié (9 kil.), à gare Bretenoux-Biars par tramway départemental. Circuits du P. O. Jolie petite ville au bord de la Bave, dont la fondation remonte au viiie siècle, dominée par les tours de Saint-Laurent xiie et xive siècles. Vieilles maisons des xiie, xive et xvie siècles. Eglise xiie et xiiie siècles. Beau monument du Maréchal Canrobert (Lenoir). Monument aux morts de la Grande Guerre (médaille d'or du Salon des artistes français) (Cipriani). Monument à Charles Bourseul, l'inventeur français du téléphone (Cipriani). Voir à côté : Montal, Saint-Laurent, Castelnau, Presque, Autoire, Padirac, Caremac, etc., etc. Autobus départementaux sur Cahors Figeac et Latronquière.

Touring-Hôtel. — Gare Saint-Céré (tramway départemental), à 150 mètres. DAVID Jules, propriétaire. Electricité, chauffage central, eau courante. Vingt-neuf chambres, vingt à 1 lit et neuf à deux lits. Prix des chambres, minimum 10 francs ; maximum 40 francs. Salles de bain et W. C. dans l'hôtel. Garage. Adresse télégr. : Touring-Hôtel. Téléph. n° 8. Prix du repas, 13 et 15 fr. (B. N. C.). Prix de la pension par jour, par grande personne, 40 et 50 fr. ; enfants suivant l'âge. Adhérent au S. I.

Hôtel du Commerce. — Gare Saint-Céré (tramway départemental), à 250 mètres. — MARCILHAC Ferdinand, propriétaire. Electricité. Nombre de chambres, neuf : sept à 1 lit, deux à 2 lits. Prix des chambres : 10 francs à 1 lit ; 16 francs à 2 lits. Salles de bain et W. C. dans l'hôtel. Garage. Adresse télégr. Marcilhac, Hôtel. Téléph. n° 24. Prix du repas 14 francs, vin compris. Prix de la pension par jour, par grande personne 35 francs, enfants suivant l'âge. Adhérent au S. I.

Hôtel de Paris. — Gare du tramway, à 150 mètres. B. CANCES, propriétaire. Electricité, chauffage central, eau courante. Nombre de chambres : dix-neuf ; seize à 1 lit ; trois à 2 lits, et quatorze chambres chez l'habitant. Prix des chambres : minimum 12 francs ; maximum 40 fr. 2 salles de bain et W.-C. dans l'hôtel. Deux garages avec fosse. Adresse télégr. Hôtel Paris. Téléphone n° 13. Prix du repas, 15 fr. (B. C.) ; prix de la pension par jour, par grande personne, 35 francs, par enfant suivant l'âge. Adhérent au S. I.

Hôtel du Lot. — Gare du tramway, à 150 mètres. FRÉGEAC Emile, propriétaire. Electricité. Nombre de chambres : sept, cinq à un lit ; deux à 2 lits. Prix des chambres : minimum, 10 francs ; maximum 18 francs à 2 lits. W.-C. dans l'hôtel. Garage. Prix du repas, 12 francs sans vin. Prix de la pension par jour, par grande personne, 30 francs, enfant, suivant l'âge. Adhérent au S. I.

Hôtel de la Truite dorée. — Gare du tramway, à 400 mètres. BIALGUES François, propriétaire. Electricité, eau courante. Nombre de chambres : douze, dix à 1 lit ; deux à 2 lits. Prix des chambres : minimum, 15 francs ; maximum, 25 francs. W.-C. dans l'hôtel. Prix du repas, 15 fr. (B. C.). Téléphone 49. Prix de la pension par jour, par grande personne, 30 fr. ; par enfant, suivant l'âge. Adhérent au S. I.

Hôtel du Quercy. — Gare du tramway, à 200 mètres. PÉRIÉ Louis, propriétaire. Spécialité : cure de raisins. Vigne complantée en chasselas, attenant à l'hôtel. Electricité. Nombre de chambres vingt-deux ; dix-huit à 1 lit ; quatre à 2 lits. W.-C. dans l'hôtel. Salle de bain. Prix du repas, 12 francs (B. N. C.). Prix de la pension par jour, par grande personne, 30 francs, par enfant suivant l'âge. Téléphone 48. Adhérent au S. I.

Hôtel de l'Etoile. — Gare Saint-Céré. Tramway départemental (à 200 mètres). Mme Veuve ROUGIÉ, propriétaire. Electricité. Garage. Dix chambres : huit à 1 lit et deux à 2 lits. W.-C. dans l'hôtel. Prix du repas, 12 fr. (B. N. C.) Prix de la pension par jour, par grande personne, 25 fr. ; par enfant, suivant l'âge. Adhérent au S. I.

Hôtel de France. — Gare Saint-Céré à 200 mètres. Valentin Vernéjoul, propriétaire. Electricité. 4 chambres. Prix de la chambre, 10 et 12 fr. Garage. Prix du repas, 10 fr. et 12 fr. (B. C.). Prix de la pension par jour, par grande personne, 25 fr. ; par enfant suivant l'âge. Adhérent au S. I.

Hôtel du Lion d'Asie. — Gare Saint-Céré à 200 mètres. Joseph Bergougnoux, propriétaire. Electricité. Garage. W.-C. dans l'hôtel. Cinq chambres : trois à 1 lit ; deux à 2 lits. Prix des chambres : minimum 6 fr. ; maximum 12 fr. Prix du repas, 10 fr. (B. C.). Prix de la pension par jour, par grande personne, 25 fr.; par enfant suivant l'âge. Adhérent au S. I.

Restaurant Rougié. — Gare Saint-Céré Tramway à 150 mètres. — François Rougié, propriétaire. Pas de chambres. Electricité, eau courante. Garage. Prix du repas, 12 fr. (B. C.). Prix de la pension, par grande personne, 30 fr. ; par enfant suivant l'âge. Adhérent au S. I.

SAINT-DENIS-PRES-MARTEL. — 702 habitants. Gare avec embranchement sur Aurillac (Auvent) et sur Bergerac (Bordeaux). Promenade au Puy d'Issolud, vaste plateau, ancien emplacement de l'ancien Uxellodunum, dont la prise par Jules César fut le dernier épisode de la guerre des Gaulois. A côté « le Cirque de Montvalent », merveilleux paysage baigné par la Dordogne.

Hôtel d'Uxellodunum. — A côté de la gare. Lajoinie Mathieu, propriétaire. Electricité. Chambres : treize à 1 lit, deux à 2 lits. Prix des chambres : minimum 8 francs ; maximum 20 fr. W. C. dans l'hôtel. Garage. Téléph., cabine publique dans l'hôtel. Prix du repas 12 francs. Prix de la pension par grande personne 30 francs. Adhérent au S. I.

SAINT-MARTIN-DE-BOUILLAC (Aveyron).

Hôtel du Pont. — M. Verdié. Cinq chambres à 1 lit. Prix des chambres : 10 à 12 fr. Prix du repas : 12 fr. (Spécialités de fritures et foie gras). Pension par grande personne, 25 fr. par jour ; par enfant, de 15 à 25 fr. Membre du S. I.

SALVIAC. — Chef-lieu de canton. 1.237 habitants. Gare de Dégagnac ou gare Gourdon, 14 kilomètres. Service d'autobus. Jolie petite ville, dont les principales ressources viennent de l'agriculture. Très belle église romane.

Hôtel de l'Univers. — Gare Dégagnac ou Gourdon, 14 kilomètres. Evrard Eugène, propriétaire. Chambres : trois à 1 lit et trois à 2 lits. Prix des chambres 7 francs. W. C. dans l'hôtel. Garage. Prix du repas 11 francs, vin et café compris. Prix de la pension par jour et par grande personne 28 francs, par enfant 20 francs. Pas de S. I.

SOUILLAC. — Chef-lieu de canton. 2.800 habitants. Gare P. O. à 1 kilomètre. Jolie petite ville. Pont sur la Dordogne. Eglise romane à coupoles du XII⁰ siècle. Reste de l'abbaye (actuellement entrepôt des tabacs) et de l'église Saint-Martin (Hôtel de Ville). A 12 kilomètres, les belles grottes de Lacave. Circuits du P.-O. Circuit postal. Autobus départementaux.

Grand Hôtel et Modern Hôtel. — Gare de Souillac à 1 kilomètre, voiture de l'hôtel. Bros Charles, propriétaire. Electricité, chauffage central, eau courante. Nombre de chambres, trente : vingt-quatre à 1 lit; six à 2 lits. Prix des chambres : minimum 15 francs ; maximum 45 francs. Salles de bain et W.-C. dans l'hôtel. Garage. Adresse télégr. Grand Hôtel. Téléph. n° 30. Prix du repas, 15 fr. (B. N. C.). Prix de pension par jour, par grande personne de 30 à 45 francs, par enfant suivant l'âge. Adhérent au S. I.

Hôtel des Ambassadeurs. — Gare de Souillac à 1 kilomètre. Service de ville. Semblat Henri, propriétaire. Electricité. Cinq chambres à 1 lit, trois à 2 lits. Prix des chambres 9 fr. et 12 fr. W. C. dans l'hôtel. Garage. Adresse télégr. Semblat, Hôtel. Téléph. n° 36. Prix du repas 12 francs. Pension grande personne 28 francs, enfant 20 francs. Adhérent au S. I

Hôtel Bellevue. — A 50 m. de la gare. Couderc Pierre, propriétaire. Electricité, chauffage central, eau courante. Trente chambres : vingt-cinq à 1 lit ; cinq à 2 lits. Prix des chambres : minimum 15 fr. ; maximum 40 fr. Salles de bain et W.-C. dans l'hôtel. Deux garages. Adresse télégr. : Hôtel Bellevue. Téléph. n° 23. Prix des repas, 14 fr. (B. N. C.). Pension grande personne 35 francs, enfant 15 à 20 francs. Adhérent au S. I.

Hôtel Maillard. — Gare de Souillac, 1 kilomètre, voiture de l'hôtel. Maillard François, propriétaire. Electricité. Chambres : sept, six à 1 lit, une à 2 lits. Prix des chambres : minimum 12 fr.; maximum 15 francs. Garage. Adresse télégr. : Maillard, Souillac. N° du téléph. 8. Prix du repas 12 francs. Prix de la pension par jour, par grande personne 25 francs, enfant suivant l'âge. Adhérent au S. I.

SOUSCEYRAC. — Gros bourg. — Commune 1.327 habitants. Altitude 559 m. Gare de Saint-Céré, 16 kil. Gare de Laval-de-Cère, 17 kilom. Village dans la montagne, au milieu de bois de hêtres et de châtaigniers. Foires importantes. Autobus départemental vers Saint-Céré et vers Latronquière. Voiture sur Laval-de-Cère. P. O.

Hôtel Prunet. — Alphonse Prunet, propriétaire. Electricité. sept chambres : cinq à 1 lit ; deux à 2 lits. Prix des chambres : minimum, 8 fr. ; maximum, 15 fr. Garage. W. C. dans l'hôtel. Adresse télégraphique : Hôtel Prunet, Sousceyrac. Prix du repas, 12 fr. B. C. Prix de pension, grande personne, 28 fr. Enfant suivant l'âge. Adhérent au S. I. de Saint-Céré.

Imp. Guillemot et de Lamothe, 18, rue Turgot, Limoges — 1929
Même maison à Paris.